인재전쟁

다큐인사이트

공대에 미친 중국 — 의대에 미친 한국

인재전쟁

KBS 다큐 인사이트 〈인재전쟁〉 제작팀 지음

21세기북스

프롤로그

글로벌
인재전쟁의
서막

KBS 다큐 인사이트 〈인재전쟁〉 제작진 3인

누가 인재일까?

'누가 인재일까?'

〈인재전쟁〉을 시작하며 가장 먼저 떠오른 의문이다. 대한민국에서 인재라면 최상위 성적을 받고 입시 전쟁에서 승리한 사람일까? 내가 대학 입시를 치른 것은 벌써 20여 년 전이라 지금과는 또 다르겠지만, 한때 나 역시도 그 고통스러운 터널을 지났던 한국인으로서 수능을 잘 보고 좋은 대학, 좋은 학과에 가는 사람이 곧 인재라고 믿던 시절이 있었다. 그땐 그게 세상의 전부라고 믿었다. 보통 취업할 때까지도 그 믿음은 모두의 마음에 당연한 전제처럼 깔려 있곤 했다. 그래서 우리는 그걸 얻기 위해 쏟은 노력에 상응하는 보상을 받지 못한다고 느낄 때 크게 좌절한다.

　나는 개인적으로 운이 좋게 늦은 나이에 PD가 되었지만, 마지막 도전이라 여긴 시험에 합격하지 못하면 차라리 한국을 떠나 어디에서든 외국인 노동자가 되겠다고 마음먹기도 했다. 그때 남아 있던 건 불안뿐이었던 것 같다.

　우리 사회에서 자립할 시기에 겪는 좌절은 곧 부끄러움으로 직결된다. '그 나이를 먹고, 그렇게 공부해서, 그것밖에 되지 못했니?' 아무도 묻지 않지만, 세상엔 온통 그런 물음으로 가득하다. 결국 좋은 직장에서 잘 먹고살지 못하면 아무것도 아닌 존재가 된다는 기분을 품고 살아가는 것이다.

　물론 모두가 똑같이 겪는 것은 아니겠지만, 감히 추측해보건대 문과 이과를 떠나 강도는 달라도 대부분 비슷한 느낌을 받으며 청소년기와 청년기를 보냈을 것이다. 그 불안은 사람들을 앞으로 달리게 하는 동력이 되기도 하지만 성공과 실패를 너무 쉽게 나눠버리기도 한다.

　〈인재전쟁〉과는 상관없는 이야기처럼 보일지 모르지만 방송을 제작하며 남겨진 물음들을 돌이켜보니 모든 것이 결국이 불안함에서 출발했다는 생각이 들었다. 누구나 한번은 느꼈을, 그리고 여전히 느끼고 있을 불안함.

〈인재전쟁〉은 오랫동안 공대에 매달려온 중국이 이뤄낸 성과와 정반대로 의대에 매달려온 우리 사회가 감당해야 하는 결과는 무엇인지 되돌아보고자 하는 다큐멘터리다.

우리나라 사람들이 유달리 세속적인 욕심이 많아 의대로 쏠리는 건 아니다. 우리 사회에 남겨진 보장된 안정이 의대이기 때문에 어쩔 수 없이 욕망이 그곳으로 모였을 뿐이다. 그 누구도 그러한 선택에 쉽게 돌을 던질 순 없다. 다큐는 이공계에 한정된 이야기지만, 분야를 막론하고 세습되어온 이 거대한 불안이 우리 모두를 한 방향으로 이끈 것이 아닌가 생각한다. 그렇다면 우리는 무엇을 바꿔야 하며, 그건 정말 바꿀 수 있는 걸까?

정책만큼은 명확할 수 있다. 디테일을 정하는 것이 가장 어렵겠지만 그럼에도 많은 전문가들이 한목소리로 지적했듯 국가적 차원의 비전을 세우고 그 방향으로 나아가면 조금씩 나아지는 것들이 있으리라 믿는다.

다만 이 책을 읽는 사람이 정책 결정권자가 아닌 평범한 시민이라면, 삶과 일의 다양한 가능성에 대해 한번 상상해봤으면 좋겠다. 이미 사회는 10년 전과 다르고 앞으로 10년 후의 사회도 지금과는 완전히 다른 모습일 것이다. 정답처럼 정해진 성공만이 가치 있는 건 아니라고, 아이들에게 말해줄 수 있는 사회는 지금의 우리가 만드는 것일 테니.

KBS PD 이이백

제자리에서
질주한다는 것

　진화생물학에는 '붉은 여왕 효과 Red Queen Effect'라는 개념이 있다. 루이스 캐럴의 소설 《거울 나라의 앨리스》에서 붉은 여왕이 앨리스에게 던진 말에서 비롯됐다. "네가 할 수 있는 한 힘껏 달려야만 겨우 그 자리에 머무를 수 있을 뿐이야. 만약 다른 곳으로 가고 싶다면 두 배는 더 빨리 달려야지." 하지만 앨리스는 한참을 달려도 주변 풍경을 벗어날 수 없다. 세상 자체가 앨리스와 함께 움직이고 있기 때문이다. 끝없는 질주 속 제자리걸음.
　나는 대치동 학원가에서 이 장면이 떠올랐다. 아이들과 부모들이 마치 붉은 여왕의 세계에서처럼, 달리지 않으면 당장

뒤처질 것 같은 압박 속에 살고 있는 그곳.

대치동 아이들은 네 살이면 영어 유치원에 들어가고, 일곱 살에는 '7세 고시'라 불리는 유명 수학학원 레벨 테스트를 치른다. 심지어 어떤 아이는 레벨 테스트를 대비하기 위해 과외까지 받는다. 그렇게 시작된 질주는 대학 입시까지 이어진다. 한 치의 공백도 없는 사교육 루트 위에서 부모와 아이 모두가 쉼 없이 달리고 또 달린다. 낙오되지 않기 위해, 더 나은 미래를 위해 모두가 질주하고 있었다.

대치동의 한 고3 수험생은 내게 이렇게 말했다. "이 동네 애들은 평생 그렇게 살아와서 스스로 지쳐 있다는 것조차 몰라요." 그 말이 유난히 아프게 와닿았다. 도대체 우리는 무엇을 위해 이렇게 처절하게 달려야 하는가. 그렇게 달려온 끝에 기다리고 있는 것이 '의대'라니.

대치동의 한 학원 강사는 이런 비유를 들려주었다. "대치동이 사교육계의 태릉선수촌이라면, 의대는 아이들에게 금메달인 동시에 에르메스 가방이에요." 의대는 20년 입시 레이스의 보상이자 안정의 상징이었다.

대한민국에서 의대는 인재를 빨아들이는 블랙홀이다. 전

국 39개 의과대학의 2025학년도 정시 지원자는 1만 명을 넘어섰고, 최근 3년간 이공계 상위 20개 학과 정시는 모두 의대가 차지했다. 정부의 의대 정원 확대 정책은 이러한 쏠림을 더욱 부추겼다. 그러나 이것은 최근에 불거진 문제가 아니다. 지난 20년 동안 서서히, 그러나 꾸준히 진행된 현상이다.

'왜 이런 일이 벌어졌을까? 이대로라면 한국의 미래는 어디로 향하게 될까?' 〈인재전쟁〉은 바로 이 질문에서 시작된 여정이다. 한국 사회의 변곡점을 돌아보고, 중국의 국가 차원 인재 양성 시스템과 비교하며 우리가 놓친 것들을 들여다보았다. 그 과정에서 분명해진 사실은 이 문제를 개인의 선택 탓으로만 돌릴 수는 없다는 것이다. 취재 도중 만난 사람들에게 "왜 의대냐"라고 물으면 돌아온 대답은 하나였다. "불안하니까요." 어쩌면 지금의 한국 사회를 가장 정확히 설명하는 단어는 '불안'일지도 모른다. 정년이 보장되지 않는 시대, 안전망이 허술한 현실 속에서 라이선스가 있는 의대는 개인이 선택할 수 있는 가장 안정적인 탈출구였다.

〈인재전쟁〉은 한국 인재들이 어디로 향하고 있는지에 대한 기록이자, 불안에 잠식된 한국 사회의 초상이다. 불안에 대한 내성이 없는 사회에서 우린 모두가 달리기를 멈추지 못한다. 낙오하지 않기 위해, 뒤처지지 않기 위해. 그러나 그렇게 달려도 결국 붉은 여왕의 세계처럼 제자리걸음일 뿐이다.

나는 이 책이 단지 한국의 현주소를 보여주는 데 그치지 않고, 불안의 굴레를 조금이나마 벗어날 수 있는 내성을 키우는 계기가 되기 바란다. 부디 불안을 무릅쓰고 새로운 길을 찾아 나설 용기를 불어넣어주기를.

KBS PD 신은주

우리가 눈을 감은 사이
조용히 칼을 갈던 나라

올해 초 눈 내리던 겨울날, 잠실의 한 대형 전자제품 마트 앞을 지나간 적이 있다. 늘 그렇듯 입구 통유리 진열대에는 지나가는 손님의 시선을 끌기 위해 매장에서 가장 큰 고화질 TV가 전시되어 있었다. 선명한 해상도와 화사한 색감은 한참 동안 내 시선을 붙들어 맸다. 입구 앞 금싸라기 자리는 늘 삼성 혹은 엘지 TV가 차지하고 있었기에 둘 중 어느 제품인지가 궁금했다. 하지만 눈에 들어온 건 생전 처음 보는 로고였다. 급하게 스마트폰을 꺼내 찾아보니 중국 광둥성의 디스플레이 브랜드였다.

중국이 우리나라 1위 전자제품 양판점의 안방 자리를 밀고 들어왔다는 충격이 가시기도 전에 며칠 후 또 하나의 충격적인 사건이 있었다. 국내외 주식시장이 하루아침에 폭락한 것이다. 2025년 1월 말, AI 반도체 칩을 설계하는 미국 엔비디아사의 주가가 하루 만에 18퍼센트 증발했다. 미국 증시 역사상 최대 규모의 개별기업 시가총액 손실이었다. 당시 SK하이닉스 주가 또한 장 초반 11퍼센트 이상 급락하는 등 우리나라 증시에도 곧바로 타격이 가해졌다.

진앙지는 바로 이웃 나라 중국이었다. 창업한 지 고작 1년이 조금 넘은 중국 토종 AI 플랫폼 개발사 딥시크가 출시한 'R1' 모델이 세계 시장 점유율 1위 미국의 챗GPT에 버금가는 성능을 보여주자 전 세계는 충격에 빠졌다. 수학·논리 추론, 코딩·디버깅과 같은 일부 전문 분야에서는 오히려 챗GPT를 추월한다는 평가도 나왔다. 하지만 진짜 충격은 개발 비용에 있었다. 챗GPT의 10퍼센트도 안 되는 비용으로 만들었다는 발표는 전 세계 시장을 혼란에 빠뜨렸다. 갑자기 혜성처럼 등장한 중국의 신생 스타트업이 온 세상을 뒤흔든 것이다.

"이게 정말 진짜일까?"

"미국 트럼프 1기 정부 출범 이후 중국은 첨단기술 분야에서 국제적 제재를 받는 상황 아니었나?"

"어떻게 이 나라는 갑자기 이렇게 괄목할 만한 성과를 이뤄낸 걸까?"

사실 신문 기사나 서점가에서는 '차이나테크' '레드 AI' 등의 미사여구를 쉽게 찾아볼 수 있었다. 하지만 국내를 포함해 해외 자료를 아무리 찾아보아도 중국 첨단산업 현장에 직접 들어가, 있는 그대로의 모습을 보여주는 다큐멘터리나 취재물을 찾기가 어려웠다. 중국 기술력이 우리를 턱밑까지 쫓아왔다는 말만 무성할 뿐 아무도 그 구체적인 현장을 볼 수 없는 상황이 답답했다. 그래서 직접 들어가야겠다고 생각했다.

막상 취재를 시작하고 나니 최근 10여 년간 국내뿐만 아니라 전 세계적으로 왜 중국 관련 장기 취재물이 이토록 없었는지 피부로 이해하게 되었다. 최근 나날이 격해지는 미·중 갈등과 첨단기술 분야의 대중 제재 등으로 중국의 모든 공공기

관과 기업들은 외신의 접촉을 극도로 꺼렸다. 자국의 급성장한 과학기술 수준을 한국 시청자에게 전달하고 싶다는 기획의도를 설명하면 쉽게 섭외에 응해줄 거라 생각했는데 커다란 착각이었다. 어떤 취재원에게 들은 바에 의하면, 중국 기술의 발전상이 외신을 통해 방송됐을 때 오히려 더 강한 국제적 제재에 직면하지 않을까 하는 우려도 작용했을 거라고 했다. 아무리 호의적인 취재라도 섭외는 불가능에 가까웠다.

통상 다른 나라에서는 입국 전 행정적인 절차만 제대로 하면 비교적 쉽게 받을 수 있는 취재 비자를 받는 것조차 중국에선 어려웠다. 현지 코디네이터가 취재 비자를 요청하면 섭외된 기업이나 학교가 있어야 비자를 내줄 수 있다고 했고, 반대로 기업과 학교에 섭외 연락을 넣으면 취재 비자가 있어야 섭외에 응해줄 수 있다고 했다. 무한 도돌이표에 갇혀 한두 달이 훌쩍 흘러갔다. 하루라도 빨리 중국 취재를 포기하고 차라리 그 시간에 외신 자료를 최대한 많이 모아 국내 전문가들을 인터뷰해 엮어내는 방식으로 구성해보라는 선배들의 진심 어린 조언이 이어졌다. 시간은 계속 흘러갔고 예정된 7월

초 방송은 요원해 보였다.

하지만 중국 현지에서 우리 코디네이터가 섭외 대상자들을 집요하게 설득했다. 10년 전 큰 화제를 불러일으킨 KBS 다큐멘터리 〈슈퍼차이나〉를 연출한 KBS 박진범 선배 PD도 후배의 취재를 위해 주한 중국대사관을 적극적으로 설득해 너그러운 협조를 이끌어내주었다. 덕분에 결코 쉽게 촬영하기 힘든 다양한 분야의 기업가, 석학, 학생과 학부모 등 주요 사례자를 카메라 앞으로 모실 수 있었다.

중국은 우리나라가 가장 많이 수출하고 수입해오는 나라다. 그만큼 중국의 첨단기술 산업 발전은 우리나라 경제 전반에 치명적인 영향을 줄 수밖에 없다. 하지만 중국의 높은 취재 난이도 때문에 국내에선 주로 SNS상에 돌아다니는 자극적이거나 황당한 사건 사고 위주의 소식들만이 유통되는 실정이다. 그렇다 보니 그곳에서 도대체 어떤 일이 일어나고 있는지, 누가 이런 혁신을 주도하고 있는 것인지 그동안 우리는 알지 못했다.

우리의 눈과 귀가 과거의 중국에 머물러 있는 동안 중국은 세계 기술 패권 전쟁에서 승기를 잡기 위해 치밀하게 오랫동안 조용히 칼을 갈고 있었다. 10년 전 제조대국에서 제조강국으로 도약하겠다는 '중국제조 2025' 계획이나 반도체, AI, 양자정보, 우주·항공 등 전략 신흥산업을 집중 육성하겠다는 '14차 5개년 계획(2021~2025년)' 등 중국은 수십 년 전부터 흔들리지 않는 장기 계획을 세우고 실제로 이를 지키며 현실로 만드는 중이다. 많은 시청자를 충격에 빠뜨린 중국 첨단기술의 달라진 현주소는 철저한 계획에 의한 것이지 결코 갑자기 운이 좋아 나온 성과가 아니었다.

이제 우리는 이런 중국을 정확히 알아야 한다. 그러지 않으면 안 되는 때다. 협력할 땐 협력하고, 경쟁할 땐 또 치열하게 경쟁하는 것이 이웃 나라 간의 건강한 관계이며 그 첫걸음은 서로를 정확히 아는 것에서 출발하기 때문이다. 이번 다큐멘터리가 일으킨 사회적 반향을 계기로 이제는 미국과 어깨를 나란히 하는 G2 국가 중 하나인 중국에 대해 정확히 보여주는 양질의 다큐멘터리와 취재물이 더 많이 제작되었으면 하는 바람이다.

이 책에는 내가 어렵게 도착한 그곳에서 우리가 일상에선 쉽게 만나기 어려운 사람들과 만나 듣고 보고 느낀 것을 모두 담았다. 방송에 담긴 내용은 물론, 50분이라는 편성 시간의 제한으로 미처 다 담지 못했던 중요한 현장과 심층적인 정보를 보완해 TV 영상보다도 더 이해하기 쉽게 정리하고 다듬었다. 이 책이 다큐멘터리 본편보다도 더 많은 독자를 만나, 이긴 자만이 '생존'하는 글로벌 인재전쟁에서 승기를 잡기 위해 우리가 나아가야 할 방향에 대해 진지하게 성찰하는 더 넓고 열띤 공론장이 열리기를 바란다.

KBS PD 정용재

차례

프롤로그 글로벌 인재전쟁의 서막   4

PART 1
공대에 미친 중국

1   세계를 뒤흔든 '딥시크 쇼크'   **28**

2   딥시크는 시작에 불과하다   **38**

3   무엇이 중국을 기술의 성지로 만드는가   **50**

4   무역전쟁에서 인재전쟁으로   **58**

5   중국으로 모이는 천재들   **68**

6   '영웅' 대우받는 중국의 과학자, 멈추지 않는 중국   **78**

7   중국의 인재는 공대로 향한다   **88**

PART 2
의대에 미친 한국

1	한국의 인재는 의대로 향한다	100
2	의대 열풍과 이공계의 위기	118
3	의대 열풍 이전에는 공대 열풍이 있었다	130
4	불안 사회가 만든 부와 안정의 상징	138
5	기술 패권 전쟁터에 선 한국	148
6	한국을 떠나는 인재들	158
7	지금, 우리가 지켜야 할 인재는 어디에 있는가	168

에필로그 여러분이 생각하는 인재는 어떤 사람인가요? 184

PART 1

공대에 미친 중국

"전통적인 의미의 '메이드Made 인 차이나'는 이제 없습니다.
이제는 '인벤티드Invented 인 차이나'의 시대예요"

1

세계를 뒤흔든 '딥시크 쇼크'

网页端、APP 和 API 全面上线

seek

至之境

●

    항저우는 중국 저장성의 성도이자 인구 1,200만의 대도시다. "하늘에는 천당, 땅에는 항저우와 쑤저우"라는 속담이 말해주듯 예로부터 아름답고 살기 좋은 도시로 이름났지만, 오늘날 항저우는 역사 도시를 넘어 중국 혁신의 심장으로 새롭게 주목받고 있다. 그 중심에는 '중국의 스탠포드'라 불리는 저장대학교가 있다.

    저장대학교는 학기 초부터 도서관에 빈 자리가 없을 만큼 학구열이 뜨거운 곳이다. 재학생들은 "평소 자습 없이는 진도를 따라가기 어렵다"며 "학생과 교수진 모두 학습 열기가 높다"라고 입을 모을 정도다.[1] 중국에는 985 대학[2], 211 대학[3]이라 불리는 명문대 그룹이 있는데, 저장대 역시 여기에 속하는 중국 명문대 중 하나로 2018년 중국 최초로 AI 전공을 개설하면서 AI 혁신 서막을 올렸다. 바로 이곳에서 중국의 천재 개발자 '량원펑梁文峰'이 탄생했다.

량원펑은 2025년 초 혜성처럼 등장해 글로벌 AI 시장의 질서를 뒤흔들었다. 그가 만든 대화형 인공지능 플랫폼 딥시크 DeepSeek는 사람처럼 대화하며 질문에 답하는 프로그램으로, 해당 산업을 선도하던 미국 챗GPT에 비해 개발 비용이 10분의 1도 되지 않는다는 사실이 알려지면서 세계는 커다란 충격에 빠졌다. 뿐만 아니라 딥시크 연구 인력들은 해외 유학 경험 없이 중국에서만 학위를 취득했거나 석·박사 과정 중에

---

1 중앙일보, '머스크 AI 비밀병기도 저장대 출신… 졸업생 20퍼센트가 창업', 서유진 기자, 2025년 3월 4일 자
2 1998년 5월 당시 국가주석이었던 장쩌민이 추진한 명문대 육성 프로젝트 '985 공정'에서 유래한 명칭으로 세계적으로 잘 알려진 베이징대, 칭화대 등 39개 대학이 여기 속한다.
3 1991년 덩샤오핑이 추진한 대학 집중 지원 프로젝트 '211 공정', 즉 21세기를 이끌 100개 대학을 선정한 것에서 유래한 이름이다.

있으며 경력도 길지 않은 것으로 알려져 중국의 기술 인재 육성 전략에 이목이 쏠렸다.[4]

물론 처음에는 큰 주목을 받지 못했지만, 2025년 1월 딥시크 R1의 훈련 비용이 당시 오픈AI 최신 모델의 불과 5.6퍼센트 수준이라는 발표가 나오자 '딥시크 쇼크'가 발발했다. 불과 일주일 뒤, 엔비디아 주가가 16.97퍼센트 폭락하며 시가총액 5,890억 달러가 증발했고, 주요 반도체·AI 관련 종목이 줄줄이 무너졌다. 코로나19 초기 이후 최대 낙폭이자 뉴욕 증시 역사상 단일 기업 기준 최대 시총 증발이었다. 충격은 기술 업계 전반으로 확산됐다.

세계 최초의 웹브라우저 중 하나인 '모자이크Mosaic' 개발자이자 실리콘밸리의 대표적 투자자 마크 앤드리슨과 《뉴욕타임스》는 이를 두고 다음과 같이 표현했다.

---

[4] 서울신문, '中 천재는 공대로 가는데… 너도나도 의대만 보는 韓에 희망 있나', 류지영 기자, 2025년 1월 30일 자

"AI의 스푸트니크 모멘트[5]"

"실리콘밸리의 가장 어두운 시간"

딥시크는 성능에서도 존재감을 입증했다. 딥시크 R1은 미국수학경시대회에서 79.8퍼센트의 정확도로 오픈AI의 o1(79.2퍼센트)을 앞섰고, 코딩 테스트에서도 65.9퍼센트로 o1(63.4퍼센트)을 넘어섰다. 공개 2주 만에 다운로드 수 1억 건을 돌파한 R1은 하나의 시대적 사건이 되었다.

량원펑은 단숨에 '게임체인저'라는 이름을 얻었고, 《타임》이 선정한 '2025년 가장 영향력 있는 100인' 명단에 오르며 글로벌 AI 질서의 중심에 선 인물로 부상했다. 딥시크의 가치 또한 폭등했다. 기업 가치는 1,550억 달러에 달했고, 량원펑 개인의 자산 가치는 최대 183조 원에 이른다는 분석이 나왔다.

1985년생인 량원펑은 광둥성 우촨시 미리링촌 출신으로,

---

[5] 예상치 못한 기술적 충격으로 경쟁 구도가 급변하는 결정적 순간

저장대학교에서 학부와 석사를 마친 뒤 동문들과 함께 퀀트 전문 헤지펀드 '하이플라이어'를 설립했다. 그곳에서 AI 딥러닝 플랫폼 개발 부서를 만든 것이 딥시크의 출발점이었다. "진실과 혁신을 추구한다"라는 저장대학교의 슬로건을 영어로 의역하면 바로 'DeepSeek'다. 학교의 좌우명이 한 학생의 창업 아이템이자 기업 이름으로 되살아난 것이다.

량원펑의 이름이 알려지면서 그의 고향 미리링촌은 일약 '성지'가 되었다. 외진 마을에 불과했던 곳이 하루에 많게는 1만 명의 관광객이 천재 개발자의 기운을 받기 위해 몰려드는 장소로 변모했다. 마을 사람들은 그의 성공을 장원급제에 비유하며 자부심을 드러냈다.

"이렇게 대단한 AI를 만든 분이 우리나라에 있다는 게 정말 뿌듯해요!"

항저우 보숙탑실험학교 3학년 소년 정엔위의 목소리는 또렷했다. 아이는 이미 '유명한 프로그래머가 되어 사람들에게 도움이 되고 싶다'는 미래를 설계해두었다. 그 부모 역시 흔쾌히 아들의 선택을 지지했다. 딥시크의 성공처럼 앞으로 AI 인재는 기업들이 가장 먼저 찾으려 하고, 치열하게 경쟁해 확보하려는 대상이 될 것이라고 믿기 때문이다.

2022년까지 항저우시는 AI 산업 발전과 응용을 위해 90여 개의 정책을 발표했고, 2025년에는 AI 특화 산업단지 조성 및 1,000개 이상의 오픈소스 모델 기업 유치를 선언했다. 2020년에는 200여 개에 불과하던 항저우 소재 AI 기업 수가 2027년이 되면 3,000개까지 늘어날 것이라는 전망도 이어졌다. 1999년 마윈馬雲이 알리바바를 창업한 이래 축적된 디지털 경제의 경험이 지금은 AI와 로봇 분야로 확장되며 항저우를 중국의 '미래 과학기술 수도'로 만들고 있다.

컴퓨터학과를 졸업하는 석·박사생 2,000여 명 중 30퍼센트 이상이 항저우에 머물며 창업하는 것으로 알려진 저장대학교 창업 네트워크 문화의 핵심에는 '주커전竺可楨 반'이 있다. 2000년에 설립된 이 특별반은 매년 수천 명의 신입생 가운데 50명 안팎만 선발해 최고의 교수진과 연구 환경을 제공해왔다. 그 결과 1만 명이 넘는 인재가 이 과정을 거쳤고, 다수의 유니콘 기업 CEO와 국가급 과학 인재를 배출했다. 딥시크의 창업 멤버 다수도 이곳 출신이다. 주커전 반은 젊은 창업자들이 세계적 수준의 연구와 도전을 이어갈 수 있도록 만든 일종의 실험장이었다.

저장대학교에서 재해방지 관련 공학을 전공한 26세 장웨이 역시 학교에서 배운 지식을 바탕으로 창업에 나섰다. 쓰촨성 대지진을 겪은 장웨이는 기계나 AI 기술을 이용해 자연재해 경보 시스템을 만들고 싶다며 투자자를 찾고 있었다.

"예전에는 연구자가 되거나 대기업에 취직해야 문제를 해결할 수 있다고 생각했어요. 하지만 창업이 더 유연하고 직접적인 해결 방식임을 깨달았습니다."

그가 만난 투자자는 저장대 선배 장제였다. 항저우에서 젊은 창업가들을 지원하는 펀드를 운영하는 장제는 량원펑과는 주커전 반 동기로, 지난 10여 년간 40~50개의 스타트업에 투자해왔고, 대부분이 저장대 출신이었다. 장제는 지난해에만 약 5억 위안, 우리 돈으로 1,000억 원에 달하는 매출을 달성했다. 그녀는 딥시크의 성공을 이렇게 평가했다.

"대기업 출신이나 숙련된 인재만이 창업할 수 있다는 인식이 강했던 예전과 달리 딥시크의 사례는 젊은 연구자들도 충분히 도전하고 성공할 수 있음을 증명했어요. 젊은 인재들이 각 분야에서 최첨단 연구를 수행하도록 한 게 AI 연구의 패러다임을 바꿨죠."

결국 딥시크의 성공은 개인의 천재성을 극대화하는 인재 양성 교육과 창업 시스템이 길러낸 '기술 인재 생태계'가 바탕이 되었기에 가능했다. 그리고 이 생태계는 단일 기업의 돌풍을 넘어 더 큰 혁신의 파도를 예고한다.

2

딥시크는 시작에 불과하다

●

중국 최대 명절인 춘절, 수억 명이 지켜보는 갈라쇼 무대 위에 이례적인 장면이 등장했다. 16대의 휴머노이드 로봇이 무용수들과 함께 호흡을 맞춰 춤을 춘 것이다. 인간과 기계의 경계가 눈앞에서 허물어지는 순간이었다. 화려한 조명과 음악 속에서 펼쳐진 이 장면은 공연 장치를 넘어, 로봇 기술의 새로운 시대가 열리고 있음을 상징적으로 드러냈다.

한편 무대 밖 연구실에서는 또 다른 광경이 펼쳐졌다. 검은 휴머노이드 로봇이 권투 링 위에서 인간과 같은 훈련을 반복하는 광경이었다. 쓰러졌다가도 곧 다시 일어나 자세를 가다

듣고, 상대와 맞붙어 자연스럽게 주먹을 주고받았다.

휴머노이드 로봇을 선보인 '유니트리 로보틱스'는 딥시크와 함께 저비용, 고효율의 혁신을 이끄는 항저우의 6대 신생 테크 기업 '항저우 육룡六龍'[6] 가운데 하나다.

항저우의 혁신 기업군 육룡은 정부의 적극적 지원과 민간 자본, 그리고 인재 양성이 맞물려 형성된 혁신 생태계의 결과로 이들이 성장할 수 있었던 배경에는 항저우시의 과감한 정책이 있었다. 2015년 항저우시는 '혁신창업신천당'을 출범시키며 관내 혁신 기업에 대한 본격적인 투자를 시작했다. 손실의 최대 30퍼센트까지 정부가 감수한다는 초강수를 두었고, 기존의 연구 논문 중심 지원과 달리 '목표달성 우선주의'를 내세워 기업 성과와 산업화를 우선 지원했다. 이어 2020년에는 '시후영재계획'을 시행해 최고 1,000만 위안(약 19억 원)의 창업자금과 500만 위안(약 10억 원)의 이자 보조금 지원, 사무실 및

---

[6] 딥시크(深度求索, 생성형 AI 플랫폼), 유니트리(宇樹科技, 휴머노이드 로봇), 게임사이언스(遊戱科學, 게임 개발), 브레인코(強腦科技, 뇌 인터페이스 기반 의료기기), 딥로보틱스(雲深處科技, 사족보행 로봇 및 휴머노이드), 매니코어(群核科技, 3D프린팅 기술)

거주지, 자녀 교육비, 의료비, 출장비까지 지원금을 쏟아부었다. 또한 정부와 민간이 공동으로 운영하는 펀드 모델을 통해 정부 자금 1위안(약 190원)을 투입하면 8위안(약 1,500원)의 민간 자본을 끌어낼 수 있도록 설계했다.[7]

이 덕분에 정부가 15퍼센트만 출자한 B 라운드 투자에서 무려 10억 위안(약 1,850억 원)의 자금을 확보할 수 있었던 유니트리는 2016년 설립 이후 불과 10년도 되지 않아 직원 1,000여 명을 거느린 기업으로 성장했다. 2022년 베이징 동계올림픽 개막식과 2023년 항저우 아시안게임 무대에서도 로봇 공연을 연출해 세계의 이목을 끌었으며, 2025년 춘제 갈라쇼에서는 휴머노이드 로봇 H1이 선보인 칼군무로 또 한 번 큰 화제를 모았다. 그 직후에 출시된 로봇 G1과 H1은 각각 약 2,000만 원, 1,300만 원에 온라인 판매가 진행되자마자 완판되었다. 이 회사의 기업 가치는 100억 위안, 약 2조 원에 이른

---

[7] 중앙일보, '중국 AI 돌풍 이끄는 항저우 6소룡 어떻게 탄생했나?', 김매화 기자, 2025년 2월 12일 자

다는 평가를 받았다. 1990년생 CEO 왕싱싱王興興은 2025년 말까지 AI 휴머노이드 로봇을 양산하겠다고 선언했고, 2026년에는 산업 및 서비스용 로봇을 대량 생산해 상용화하겠다는 구체적 계획을 발표했다.

항저우 육룡에 속한 또 다른 기업 '딥로보틱스'는 사족보행 로봇, 이른바 '로봇 개'를 만들어 40여 개국에 판매하며 국제무대에 이름을 알렸다. 지형 적응력이 뛰어난 이 로봇은 인간이 들어가기 어려운 복잡한 지형이나 위험한 환경에서 탐사, 순찰, 검사, 소방, 인명 구조 같은 임무를 대신 수행한다. 딥로보틱스는 이를 산업 현장에 적용해 전력 모니터링, 건축 구조 점검, 화재 감지 등 다양한 영역에서 활용할 수 있는 지능형 로봇 솔루션을 제공하며, 현재까지 40여 개국으로 수출을 확대했다. 중국 공안에도 납품해 사회 안전망 구축에 기여하고 있으며 2024년에는 싱가포르 전력 터널에서 이상 현상을 감지하는 성과로 국제적 주목을 받았다. '저장성이 낳은 천재 개발자'라 불리는 CEO 주추궈朱秋国는 "미국 기업 보스턴다이내믹스가 로봇으로 세계를 선도하던 시절, 중국에는 유사한 기술이 거의 없었고 보행 로봇이 세계 시장에 나가는 것은 불가능해 보였다. 하지만 저장대에서 연구하며 중국 로봇도 반드시 세계로 나아갈 수 있다는 확신을 가졌다"라고 이야기했다.

중국의 휴머노이드 시장은 그야말로 폭발적으로 성장하고 있다. 앞으로 10년 내 그 규모가 약 60조 원에 이를 것이라는 전망이 나온다. 이러한 성장의 원동력은 다름 아닌 인재다. 세계 최고 수준의 AI 연구자 중 절반 가까이가 중국 출신이라는 사실은, 오늘날 중국의 기술 경쟁력이 어디에 기반을 두고 있는지를 단적으로 보여준다. 이미 첨단산업 분야에서 중국은 한국을 앞질렀고, 무역특화지수만 보더라도 한국은 오래전부터 중국에 뒤처지고 있다.

서울대학교 이정동 교수는 다음과 같이 진단했다.

"20년 전만 해도 한국이 할 수 있고 중국이 못하는 게 많았지만 지금은 상황이 역전되었다. 이제는 한국의 산업 포트폴리오가 중국의 포트폴리오 속 부분집합에 불과하다."

기술 경쟁의 무게추가 이미 기울었다는 의미다. 전 삼성전자 부사장 이병철 역시 비슷한 맥락에서 중국의 전략을 '완따오 차오처彎道超车, 즉 '코너 추월'에 비유한다. 쇼트트랙 경기에서 직선 주로가 아니라 곡선 구간에서 단숨에 앞서 나가듯, 중국은 기술 전환의 순간을 기회로 삼아 추월에 나서고 있다는 것이다. 실제로 아날로그 TV에서 디지털 TV로 넘어가던 시기에 한국의 삼성은 일본 소니를 따라잡을 수 있었는데, 지금 중국이 바로 그런 방식으로 새로운 전환기를 활용하고 있다는 설명이다.

그리고 현재 중국에는 추월의 가능성이 있는 코너의 수가 엄청나다고 덧붙였다. 로봇, 반도체, 바이오 분야까지, 딥시크 쇼크에 버금가는 중국발 충격들이 잇따를 것으로 전망했다.

"결국은 또 인재입니다. 인재가 있어야 그런 것들을 시도해볼 수 있으니까요. 결국 인재전쟁이 기술전쟁이고, 기술전쟁이 곧 국력전쟁이 된 겁니다."

중국의 기술력은 일부 기업의 성공 사례로만 설명되지 않는다. 중국은 STEM(과학·기술·공학·수학) 분야에서 빠른 속도로 인재 풀을 확장했다. 2000년대 초반까지만 해도 미국보

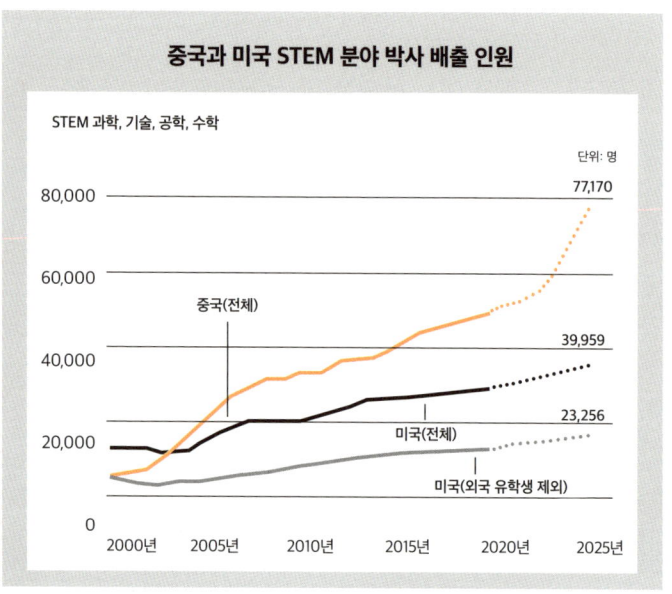

출처: CSET-im증권 리서치 본부

다 적었던 박사 배출 인원은 이후 가파르게 증가해 2025년에는 약 7만 7,000명에 이를 것으로 전망된다. 같은 해 미국 전체 박사 배출 인원은 4만 명 수준, 외국인 유학생을 제외하면 2만 3,000명에 그칠 것으로 예상된다. 중국은 이미 양적 규모에서 미국을 압도하며 이공계 인재 규모에서 독보적인 우위를 확보하고 있다.

뿐만 아니라, 2014년부터 2023년까지 10년 동안 생성형

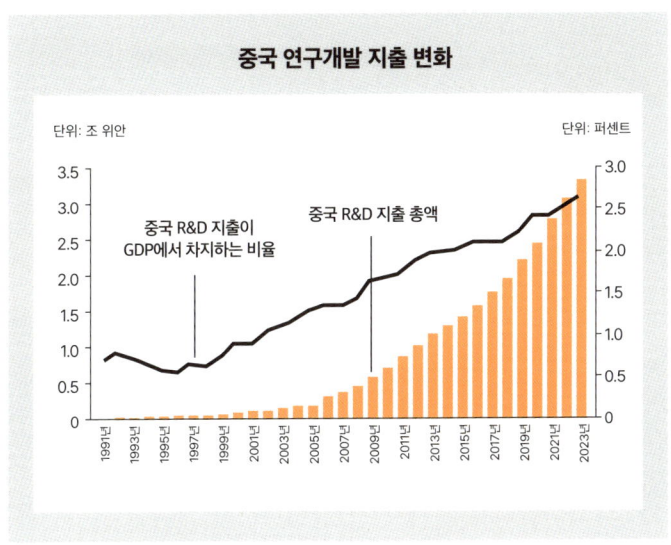

출처: 중국 국가통계국 iM증권 리서치 본부

AI 특허 출원 수는 미국이 약 6,276건인 데 비해 중국은 3만 8,000건에 달했다.[8] AI 논문 인용 비중에서도 변화가 뚜렷하다. 2020년 중국은 20.7퍼센트를 기록하며 미국(19.8퍼센트)을 넘어섰다.[9]

특히 1990년대 초반까지만 해도 미미했던 연구개발R&D 지

---

8 한국과학기술기획평가원(KISTEP), 2025년
9 닛케이신문, 2021년

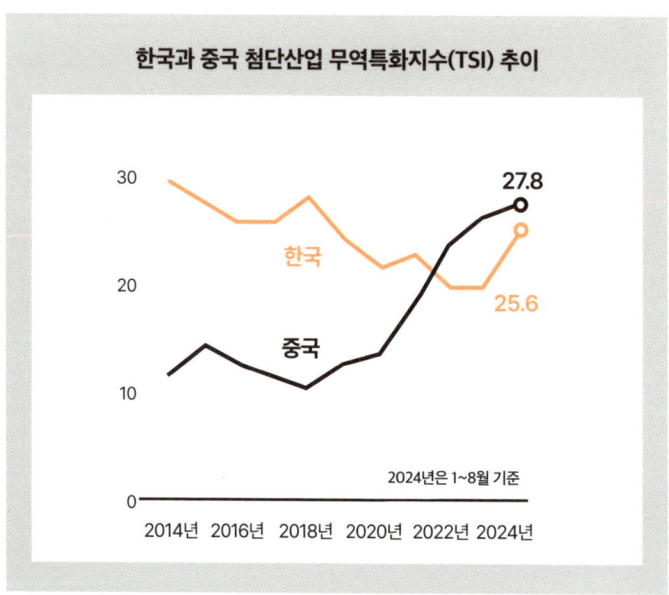

출처: 한국경제인협회

출이 2000년대 들어 급격히 증가하기 시작했고, 최근 10년간 지출 규모가 폭발적으로 늘면서 2023년에는 3조 위안을 넘어섰고, GDP 대비 비중도 2.6퍼센트 이상으로 올라섰다.[10] 이는 과거 단순 제조업 중심이던 중국 경제가, 이제는 과학기술 혁신을 국가 경쟁력의 핵심으로 삼고 있다는 사실을 보여준다.

---

10 중국 국가통계국·iM증권 리서치 본부, 2025년

10년 전까지만 해도 첨단산업에서 한국은 분명한 우위를 점하고 있었다. 무역특화지수[11]에서 한국은 30에 육박하며 높은 경쟁력을 보였고, 중국은 10 안팎에 머물렀다. 그러나 흐름은 빠르게 달라졌다. 한국은 점차 하락세를 그린 반면, 중국은 상승 곡선을 이어가다가 2021년 무렵 두 나라의 그래프는 교차했다. 그리고 2024년 중국은 27.8을 기록하며 한국을 추월했다.[12] 이는 중국의 과감한 연구개발 투자와 국가적 육성이 만들어낸 성과이자, 한국의 현재와 미래에 켜진 경고 신호였다.

---

11 특정 품목의 수출과 수입 비중을 비교해 해당 산업의 국제 경쟁력을 보여주는 지표
12 한국경제인협회, 「한국과 중국 첨단산업 무역특화지수(TSI) 추이」, 2025년

3

무엇이 중국을
기술의 성지로
만드는가

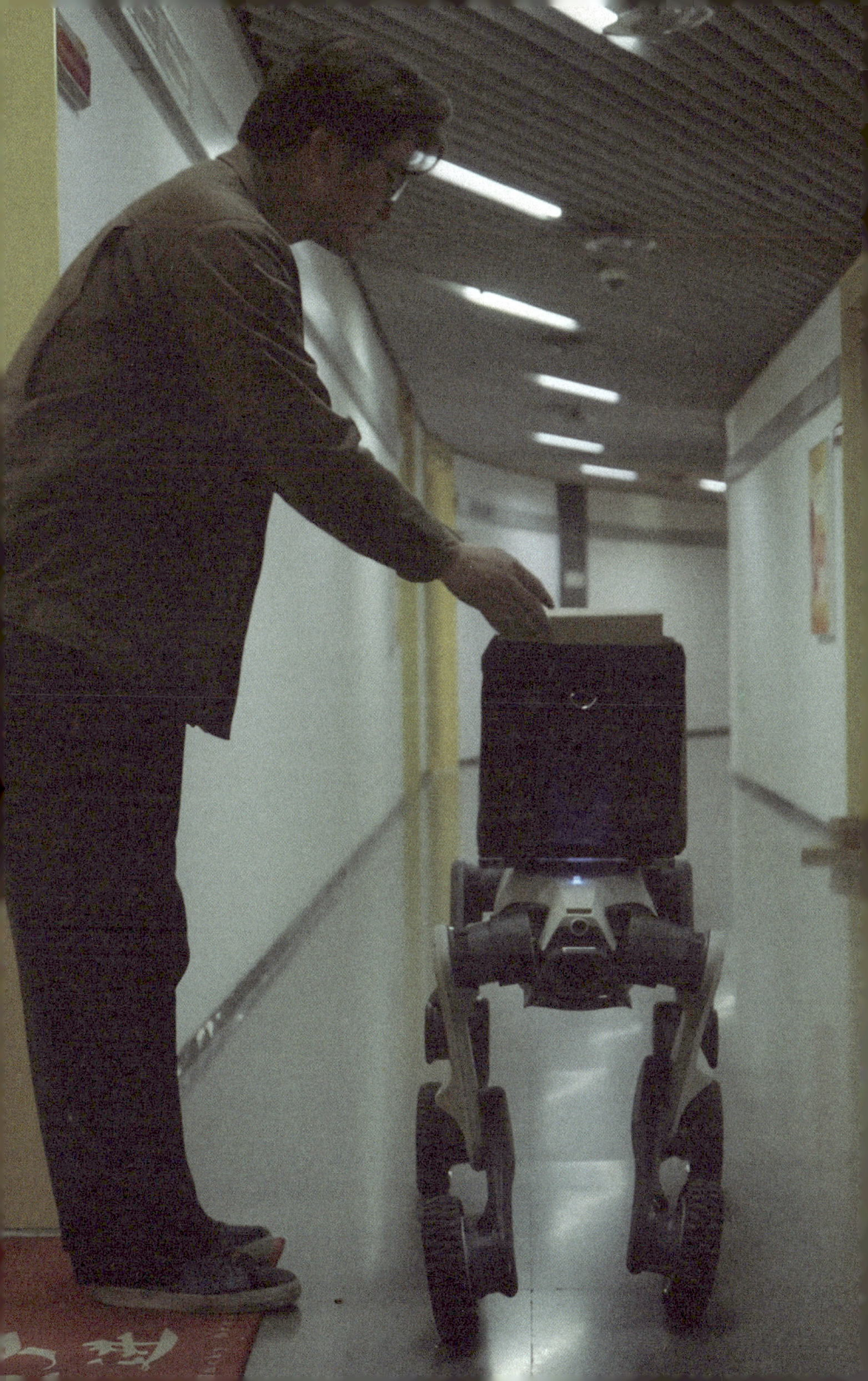

•

중국 엔지니어들의 연봉은 어느 정도일까. 현장에서 질문이 나오자 잠시 머뭇거림이 있었지만, 이어진 답변은 놀라웠다. 저장대학교 출신 창업자 이하오샹은 "일류 대학 석사 기준으로 연봉은 약 50만 위안 정도 된다"라고 설명했다. 우리 돈으로 약 1억 원이다. 그는 이어 "35세 전후의 제 친구들을 보면 보통 연봉이 100만에서 150만 위안(2억에서 3억 원 정도)에 이른다"라고 덧붙였다.

청두 전자과학기술대학교를 졸업한 후쥔우 역시 비슷한 이야기를 들려주었다. 자신의 동기 중에는 벌써 재벌이 된 친구도 있다며 "경제적으로 완전히 자유로운 수준에 도달한 경우도 적지 않다"라고 말했다.

중국의 딥시크는 신입사원에게 억대 연봉을 제시하며 또 한 번 화제에 올랐다. 월급만 우리 돈 1,600만~2,200만 원에 이르고, 연봉으로 환산하면 최대 3억 원에 달한다. 중국의 1인당 국민소득이 우리나라의 약 3분의 1에 불과하다는 점을 고려했을 때, 한국으로 따지면 체감 연봉이 약 9억 원에 달하는 셈이다.

중국 사회에서 엔지니어는 이미 가장 높은 소득을 올리는 직업군 중 하나로 꼽힌다. 의대생조차 부러워하는 수준이다. 이하오샹의 말에 따르면, 중국에서는 엔지니어가 의사보다 두세 배, 많게는 네 배 가까이 더 벌기 때문이다. 실제로 중국 부호 순위를 살펴보면 대부분 테크 관련 기업들의 젊은 CEO가 상위권을 차지하고 있는 것을 확인할 수 있다.[13]

불과 18년 전만 해도 상위 10대 기업 가운데 6곳이 광둥성 출신의 부동산 개발업체들이었으나, 올해는 상위 10대 기업

---

[13] 신차이푸, 「500대 부호 명단」, 2025년

2025년 중국 부호 순위

순위	작년 순위	이름	자산	주요 기업	업종	연령
1	3	장이밍	4816억 위안	바이트댄스	숏폼 동영상	42
2	1	종산산	3624억 위안	농푸산췐	생수	71
3	4	마화텅	3067억 위안	텐센트	인터넷	54
4	2	황정	3057억 위안	핀둬둬	전자상거래	45
5	7	쩡위친	2727억 위안	CATL	2차전지	57
6	14	레이쥔	2010억 위안	샤오미	스마트폰, 전기차	55
7	5	마윈	2000억 위안	알리바바	전자상거래	61
8	8	허샹젠	1886억 위안	메이디	가전	82
9	6	딩레이	1853억 위안	넷이즈	게임	54
10	-	량원펑	1846억 위안	딥시크	AI, 투자	40

출처: 신차이푸

중 4곳이 저장성 항저우를 기반으로 하고 있다. 중국 내 산업 구조는 부동산에서 신기술 중심으로 빠르게 전환되고 있다. 특히 딥시크의 량원펑이 새롭게 10위 권에 진입한 사실은 그러한 변화를 단적으로 드러낸다.

중국 채용정보 사이트 자오핀닷컴이 발표한 자료에 따르면, 졸업 후 3년이 지난 졸업생의 평균 월급 상위 50개 전공 가운데 무려 49개가 이공계 전공이었다. 중국 엔지니어의 높은 처우는 AI 분야 신입사원 월급에서도 드러난다. 2024년 기준 AI 분야 신입사원 초임은 전년 대비 5.3퍼센트 증가했다. 이는 같은 시기 금융권 신입사원의 첫 월급을 웃도는 수준으로, 과거 안정된 고소득 직종으로 불리던 금융권마저 추월한 결과다.[14] 중국에서 기술 인력이 얼마나 전략적 자산으로 평가받고 있는지를 보여주는 대목이다.

이러한 배경에는 국가 차원의 대규모 투자와 지원이 있었다. 2024년 중국의 R&D 예산은 우리 돈 약 721조 원에 달했다. 6년 전에 비해 두 배 가까이 늘어난 규모다. 2025년에는 이보다 10퍼센트 늘어난 예산이 책정될 예정이다.[15] 여기에 더해 중국 정부는 전국인민대표대회 업무보고에서 휴머노이드 로봇, 6세대 이동통신, 인공지능 등을 국가 전략산업으로 지목하며, 약 200조 원 규모의 국가 창업 투자 유도 펀드를 설립하겠다는 계획을 밝혔다.[16] 과학기술 창업 기업들이 초기

---

14 사우스차이나모닝포스트, 2024년
15 중국 국가통계국, 2025년
16 국가발전개혁위원회, 2025년

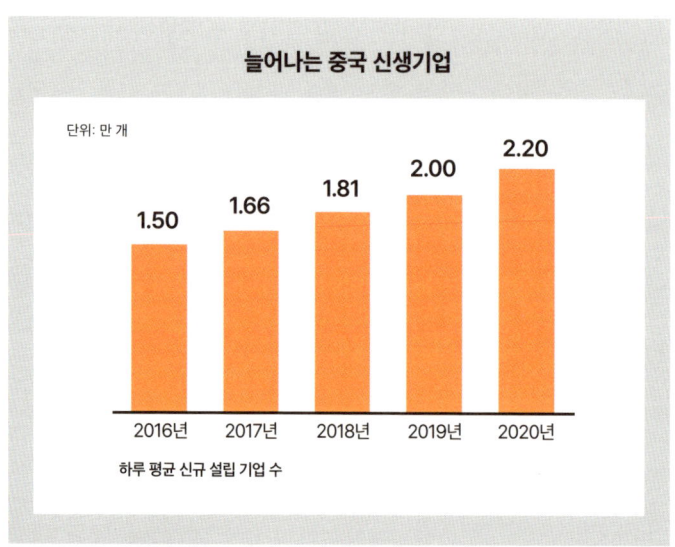

출처: 중국 국가시장감독관리총국

단계에서 맞닥뜨리는 자금 문제를 해소하고, 우수 인재가 산업 현장에 빠르게 안착하도록 돕기 위한 것이다.

창업을 지원하는 인프라도 인상적이다. 국가 인증을 받아 창업을 돕는 국가급 창업원(창업보육센터)은 2019년 기준 1,181곳에 이르며, 정부에 등록된 전체 창업원 수는 1만 3,206개로 한국의 창업보육센터의 50배에 이르는 규모다. 이를 두고 중국 언론이 "전 세계 창업보육센터의 절반이 중국에 있다"라고 말할 정도로 중국은 창업 터전을 넓히는 일에 집중하고 있다.[17] 하루에도 수만 개에 이르는 새로운 스타트업이 중국에서 끊임없이 등장하는 배경이기도 하다.

중국은 372개의 유니콘 기업(기업 가치 10억 달러, 우리 돈으로 약 1조 원을 넘긴 비상장 스타트업)을 보유하며 미국에 이어 세계 2위를 기록했다.[18] 전 세계 유니콘 기업의 30퍼센트를 차지하는 수치다. 더 나아가 기업 가치 100억 달러, 약 14조 원 이상인 데카콘 기업도 19개에 달한다.[19]

국가 차원의 자금 지원과 인재에 대한 과감한 보상은 창업 생태계를 활성화하고 세계 스타트업 지형을 바꿔놓고 있다.

한편, 우리나라의 유니콘 기업 수는 2025년 기준 18개에 불과하다.[20] 이들 가운데 상당수는 국내 소비시장을 중심으로 성장해왔으며, 인공지능 분야에서는 아직 단 한 개의 유니콘도 등장하지 않았다.

---

[17] 한국경제, '창업대국 중국이 한국과 다른 점' 강현우 기자, 2021년 1월 29일 자
[18] 글로벌 유니콘 기업 컨퍼런스, 2024년
[19] 중관춘 포럼 발표, 2024년
[20] 후룬연구소, 「글로벌 유니콘 지수 2025」, 2025년

4

무역전쟁에서
인재전쟁으로

●

　중국은 언제부터 과학기술을 국가 발전의 핵심으로 삼아왔을까. 10여 년 전 중국은 '중국제조 2025'라는 이름으로 제조 대국에서 제조 강국으로 도약하기 위한 국가 계획을 내놓았다. 첨단기술을 개발해 미래 산업의 주도권을 확보하겠다는 장기 전략이었다.

　그러나 2017년 미국은 중국을 정조준했다. 트럼프 1기 행정부가 들어서며 본격화된 대중국 제재는 중국의 기술 굴기를 자극하는 기폭제가 되었다. 트럼프 대통령은 중국이 미국을 돼지 저금통 Piggy bank 처럼 이용하며 미국의 기업과 일자리를 빼앗았다고 비난했고, "부당하고 착취적인 행위에서 미국

노동자와 기술, 산업을 지켜내겠다"라고 강하게 선포했다.

이에 맞서 시진핑 주석은 2017년 10월, 중국 경제가 고속 성장 단계에서 고품질 발전 단계로 전환하고 있다고 선언했다. "이제는 성장 방식을 전환하고 경제 구조를 개선하며 새로운 성장 동력을 육성해야 한다"며 전략적 국가 발전을 위해 현대화된 경제 체제 구축이 시급하다고 목소리를 높였다. 고품질과 고성능을 최우선 가치로 삼겠다는 의지를 분명히 한 것이다.

그리고 2018년 7월, 트럼프 행정부는 중국산 수입품에 대해 25퍼센트의 고율 관세를 부과하겠다고 발표하며 본격적인 무역전쟁에 돌입했다. 트럼프 대통령은 무역적자 해소와 일자리 보호를 내세웠지만, 그 실체는 '하이테크 기술전쟁'이었다. 이는 실리콘밸리 중심의 미국 IT 기업들이 중국의 불공정한 기술 이전과 지적재산권 침해를 문제 삼으며 트럼프 대통령을 강하게 압박한 결과였다.

중국은 이에 대응해 무역 의존형 경제에서 내수 중심 경제로의 전환을 가속화했다. 미국이 중국산 제품에 최대 145퍼센트의 관세를 부과하자, 중국은 125퍼센트에 달하는 보복 관세로 맞서면서 양국의 무역 환경은 급격히 악화되었다. 그러나 중국은 일관된 국가 기술 전략을 유지하며 충격을 흡수했고, 1세대 빅테크 기업들의 대규모 투자가 더해지면서 제재를 기술 자립과 혁신으로 전환하는 계기로 삼았다.

핵심 전략은 인재였다. 중국은 과학기술 발전을 산업 문제가 아닌 인재 양성 정책과 맞물린 국가 전략으로 인식하고 2021년 열린 전국인재대회에서 지도부는 기술 자립과 혁신을 국가 생존의 과제로 제시하며, 이를 뒷받침할 인재 확보를 최우선 목표로 내세웠다.

전 중국 교육과학연구원장이자 화둥사범대학교 교육학부장 웬저귀는 "국가 차원의 5개년 계획이 내려오면 기업, 공공기관, 교육, 의료까지 모든 분야에서 이에 상응하는 계획을 연계해 수립하는 독특한 방식이 있다"며, "최근에는 과학기술이 빠르게 발전하면서 과학기술·교육·인재 양성의 상호 연관성이 더욱 강해지고 있다"라고 설명했다.

그의 말에 따르면 중국의 인재 양성 방식은 외부에서 흔히 상상하는 조기 선발 모델이 아닌, 9년 의무교육의 근거리 배정과 균형 발전을 최우선으로 두는 보편적 교육에 가깝다. 즉, 저변을 두껍게 하고 모든 아이가 각자의 강점을 발휘할 수 있는 환경을 만드는 것이 핵심이다. 웬저궈는 중국이 지향하는 교육의 공정성에 대해 이렇게 비유했다.

"인재는 넓은 정원에서 자란다."

요컨대 가능성을 미리 보고 인재를 지정해 키우는 방식이 아니라 자유롭게 발전하는 과정 속에서 성과를 내면 지원해 주는 방식인 것이다.

선발 제도 역시 시험 성적 일변도에서 벗어나고 있었다. 대학 입시는 여전히 주요 통로지만, 국제올림피아드, 산학 프로젝트, 기업 인턴십 등 다양한 경로가 공식적으로 인정되고 있다. 시험 성적이 뛰어난 학생만이 혁신 역량을 가진 것은 아니며, 창의성이 뛰어난 학생 중에는 성적이 평균 이하인 경우도 있다는 유연한 인식이 제도 설계에 반영되고 있었다.

또한 전공지식 일부가 AI로 대체 가능한 만큼, 코딩 능력보다는 AI를 활용해 문제를 해결하고 새로운 프로젝트를 수행할 수 있는 능력이 더 중요한 평가 기준으로 부상하고 있다고 전했다.

이러한 토대 속에서 딥시크 창업자 량원펑, 유니트리 창업자 왕싱싱 같은 인물들이 등장했다. 그들은 특별 관리나 조기 엘리트 트랙이 아니라 평범한 교육 환경, 가정의 지지, 개인의 선택과 집중 속에서 성장했기 때문이다. '꽃을 피우려 애써 가꾼 것이 아니라 무심코 꽂은 버드나무가 그늘을 만든 격'이라는 또 하나의 비유가 그들을 설명했다.

중국의 인재 전략은 내부 양성에 그치지 않고 외부 인재 교류까지 포괄하는데, 지식은 나눌수록 늘어난다는 인식 아래 단기·장기 교류, 해외 체류, 외국 인재 유치, 중국 유학생의 해외 활동 장려 등을 병행한다. 또한 대학과 기업의 긴밀한 협력, 교수의 기업 참여 확대, 인력의 자유로운 이동이 혁신 생태계의 활력을 높여 인재가 최적의 자리를 찾아갈 수 있는 환경을 만든다.

시진핑 주석은 2024년 여름 장쑤성에서 젊은 연구개발 인력들을 만나 "**10년 동안 칼을 가는 집념을 발휘하라**"라고 당부한 바 있다.

미국은 반도체 같은 하드웨어뿐 아니라 데이터와 프로그램 등 소프트웨어 수출까지 통제해왔지만, 중국은 자국 빅테크 기업들을 중심으로 AI 생태계를 구축하며 돌파구를 마련했다. 이를테면 텐센트와 알리바바는 딥시크의 AI 훈련에 필요한 클라우드 서비스와 소프트웨어를 제공하며 든든한 기반이 되었고, 화웨이는 미국의 수출 차단 이후 자국 내 반도체 개발 역량을 강화하고 독자적인 스마트폰 운영체제를 개발하며 세계적 수준의 제품 생산 능력을 회복했다. 더 나아가 태양광 패널, 전기차, 드론 등 다양한 분야에서도 중국은 자체 공급망을 바탕으로 독자적인 기술력을 확보해나갔다.

중국이 미국의 강력한 제재 속에서도 고성능 AI와 첨단 산업을 잇달아 내놓을 수 있었던 배경에는 이렇듯 일관된 국가 전략과 정책 연속성, 교육 혁신, 인재 양성 시스템, 개방적 인재 교류 생태계가 있었다. 혁신 인재가 시대의 가장 강력한 원동력이라는 판단하에 중국은 이 원동력을 키우기 위해 국가 시스템 전체를 동원해 긴 호흡으로 산업과 인재를 함께 육성했다. 이들의 '집념'은 쉽게 무너지지 않는 벽을 세우고 있는 듯했다.

중국은 '중국제조 2025'로 기술을 국가 전략의 중심에 세우고,
미국의 제재를 기술 자립의 계기로 바꿨다.
핵심은 인재였다.
교육·산업·기술을 한 시스템으로 묶어 혁신을 밀어붙였다.

5
—

중국으로
모이는
천재들

●

베이징 도심을 달리는 택시 안, 운전석은 텅 비어 있다. 목적지만 입력하면 스스로 도심을 달리고, 고속도로에서는 시속 120킬로미터까지 주행하는 자율주행 로보택시의 모습이다.

2018년 중국 최초로 로보택시 서비스를 상용화하는 데 성공한 '포니AI'는 중국 자율주행 기술을 대표하는 기업으로 2016년, 칭화대학교 출신 펑쥔과 러우텐청이 창업했다. 두 창업자는 구글과 바이두에서 경력을 쌓은 뒤 독립해 회사를 세웠고, 이후 구글·테슬라 등 글로벌 빅테크 출신 인재들이 합류하면서 빠르게 성장했다. 현재는 레벨4 수준의 자율주행 기술을 확보해 베이징과 상하이를 비롯한 중국 주요 도시와 룩셈부르크 등 해외까지 서비스를 넓혀 누적 주행 거리가 4,000만 킬로미터를 넘어섰다. 설립 8년 만에 나스닥에 상장해 약 45억 5,000만 달러의 기업 가치를 가진 이 회사는 2025년까지 로보택시 1,000대 이상을 운행한다는 목표를 세우고 있다.

포니AI 설립에 결정적인 역할을 한 이는 칭화대 출신의 야오치즈姚期智였다. 베이징대와 함께 중국 최고의 명문으로 꼽히는 칭화대는 '중국의 MIT'라고 불리는 이공계 연구 중심 대학이다. 이곳 컴퓨터공학과 교수인 야오치즈는 '컴퓨터계의 노벨상'이라 불리는 튜링상을 수상하고, AI와 양자컴퓨팅 분야에서 탁월한 업적을 이룬 세계적 석학이다. 그의 이름을 딴 칭화대의 '야오반'은 2004년 중국 정부의 요청을 받고 돌아온 야오치즈 교수가 설립한 과학 엘리트 양성반으로, 포니AI의 창업자 러우텐청이 바로 이 야오반 1기 출신이었다.

흔히 '천재반'으로 불리는 야오반은 중국 최고 수재들을 모아 기초부터 글로벌 수준의 연구와 창업을 준비한다. 국가 전략 분야의 과학자를 양성하기 위해 설계된 특별반에 가깝다.

야오반의 정원은 전체 재학생 기준 약 80명, 입학생은 수학·물리·정보올림피아드에서 1, 2등을 차지했거나 각 성에서 이과 장원급 성적을 거둔 최우수 학생들로 채워진다. 주요 강의는 영어로 진행되고 야오치즈 교수와 더불어 세계적인 석학들이 직접 강의에 참여한다. 학생들은 학부 과정임에도 박사과정에 준하는 훈련을 받으며, 졸업 후에는 해외 유학이나 연구를 이어가는 경우가 많다.

"야오반 학생들은 MIT나 스탠퍼드와 어깨를 나란히 하거나 심지어 더 잘할 수 있다"던 야오치즈의 자부심처럼 최소 연봉이 100만 위안(약 2억 원)에 이른다고 알려져 있을 만큼 야오반 출신 학생들의 경쟁력은 높다.

중국은 주요 대학마다 이와 같은 특별반을 설치하여 기초과학과 첨단기술 분야의 인재를 집중적으로 육성하고 있다. 베이징대는 2017년, 튜링상 수상자인 존 에드워드 홉크로프트를 영입해 '튜링반'을 설립하기도 했다.

야오치즈는 고국으로 돌아오던 2004년을 회상하며 이렇게 말했다. "그 당시 중국 컴퓨터과학은 비교적 뒤처져 있었습니다. 당시 우리는 해외에서 진행되고 있는 최첨단 연구에 대해서도 잘 알지 못했는데요. 마침 개혁개방이 이뤄지는 시기와 맞물리며 수많은 해외 상업, 과학기술 기관들이 중국에 진출하게 되었습니다. 그런데 만약 이때 중국이 스스로의 기술력을 키우지 못하고 구현하지 못한다면 15년 후에는 우리의 기회가 사라질 거라고 봤습니다."

중국 정부는 인재 확보를 위해 해외에서 활동하던 자국 학자들을 본격적으로 불러들이기 시작했다. 그 시초는 1990년대의 '백인계획'으로 거슬러 올라간다. 당시 중국과학원은 귀국 과학자에게 정착금 명목으로, 1994년 기준 1인당 국민소득의 500배가 넘는 파격적인 금액을 지원하며 고급 인재 유치에 나섰다. 그리고 2008년, 중국 공산당 중앙조직부가 '천인계획'을 공식 발표하며, 10년 안에 해외 인재 2,000명을 불러들여 국가적 혁신 프로젝트를 이끌겠다는 목표를 세웠고, 결과적으로 7,000명이 넘는 인재가 자국으로 돌아왔다.

그 배경에는 한계에 부딪힌 중국의 경제 발전 모델이 있었다. 과거 중국은 막대한 노동력을 앞세워 제조업에서 가격 우위를 확보하며 성장을 이어갔지만, 이러한 방식만으로는 지속이 어려웠다. 지식 기반 경제로의 전환이 요구되었고, 이에 따라 고급 인재 확보가 절실해졌다.

천인계획은 구체적인 조건과 파격적인 지원을 내걸었다. 55세 미만의 해외 박사 학위 소지자가 매년 6개월 이상 중국에서 근무해야 한다는 규정을 두고, 혁신인재와 창업인재 두 분야로 나누어 선발했다. 선정된 이들에게는 1인당 100만 위안(약 2억원)의 정착금과 가족 영주권, 세금 면제 같은 혜택이 제공되었으며, '국가 공인 전문가'라는 칭호까지 주어졌다.

그 결과 2008년부터 10여 년간 약 7,000명의 해외 학자가 귀국했다. 대부분은 미국에서 연구를 하던 중국 출신 과학자들이었으나, 외국인 과학자도 다수 포함됐다. 특히 2008년 미국발 금융위기 이후 미국과 유럽이 과학기술 R&D 예산을 대폭 줄이면서 고급 인력이 대량으로 일자리를 잃게 되었고, 이는 중국이 해외 인재를 유치하는 데 유리한 환경으로 작용했다.

조선일보 베이징 특파원 이벌찬은 천인계획을 이렇게 평가했다.

"충분한 지위와 돈만 보장한다면 해외에 나간 중국의 인재가 돌아오지 않을 이유는 없었다. 그래서 그들은 공부를 마친 뒤 중국이 제공하는 부를 얻기 위해 돌아왔고, 중국으로 돌아와 했던 일 가운데 하나는 이른바 '그림자 연구실'을 만드는 것이었다. 미국에서 했던 연구를 그대로 중국에 가져와 모방하는 방식이었는데, 이런 방식이야말로 중국이 빠르게 따라잡을 수 있었던 효과적인 과정이었다."

한양대 중국학과 교수 백서인도 비슷한 진단을 내놓았다. "중국은 해외 인재 유치에 혈안이 되어 있기 때문에 더 좋은 조건을 제시하고 있다"며 "앞으로 중장기 미래 동력이 될 분야의 인재들이 중국으로 빠져나갈 가능성이 더 커질 것"이라고 전망했다.

실제로 우리나라 연구자들 역시 많은 영입 제안을 받았다. 카이스트 연구부총장이자 생명화학공학과 교수 이상엽은 "저도 수없이 제안을 받았다. 그 제안은 단순한 연봉이 아니라 전체 연구 패키지였다"라고 밝혔다. 그는 "한국에서는 연구비를 받으려면 제안서를 쓰고 경쟁을 거쳐야 하지만, 중국에서는 연구자가 필요로 하는 연구비의 적게는 10배, 많게는 100배까지 아무 조건 없이 제공하겠다고 했다"며, "심지어 박사생 2,000명을 마음대로 뽑으라 했을 정도였다"라고 덧붙였다.

서울대 공학전문대학원 교수 이정동 역시 "한국 대학이 제공하는 정착금보다 중국 대학이 주는 금액이 5배 이상은 된다. 과학자 입장에서 어느 곳을 선택하겠느냐"라고 반문했다.

연구자의 중국행을 바라보는 시선에는 여전히 부정적인 시선이 따른다. 그러나 백서인 교수는 "상용화 단계까지 많이 남은 연구를 하는 이라면 중국의 제안을 마다하기 어려울 것"이라고 이야기한다.
"한국에서는 제대로 자리를 잡아도 줄 수 없는 환경을 중국이 주고 있기 때문이다."

베이징 한복판, 운전석 없는 택시가 달린다.
그 중심엔 칭화대 '야오반' 출신들이 세운 포니AI가 있다.
중국은 천재를 모아 기초과학을 키우고,
해외 인재까지 불러들이며 기술 자립을 설계했다.
돈과 제도, 명분까지 총동원해 인재로 미래를 산 나라다.

6

'영웅' 대우받는 중국의 과학자, 멈추지 않는 중국

●

　상하이 푸단대학교 캠퍼스. 그곳을 천천히 걸어오는 이는 메타물질 분야에서 세계적으로 이름난 석학 이영백 교수다. 그는 국내 대학에서 정년을 마친 뒤에도 연구를 멈추지 않기 위해 2019년 중국 푸단대로 향했다. "중국으로 옮기는 게 한국에 누가 되지 않을까 하는 생각도 들고, 아무리 건강하다고 해도 나이가 있는데 외국 오가는 게 감당이 되겠는가"라며 당시의 고민을 털어놓았다. 하지만 결국 그를 움직인 것은 연구를 계속하고 싶다는 열망이었다.

　평생을 과학자로 살아온 그에게 가장 충격적이었던 소식

은 정년 무렵 한국에서 들려온 R&D 예산 삭감 소식이었다. 과학계가 오랫동안 홀대받아온 것은 익히 알고 있었지만, 최소한 예산만큼은 지켜주리라 믿었다. 그러나 그 마지막 보루마저 깎여 나가는 것을 보며 그는 깊은 좌절을 느꼈다.

"중국에 오길 잘했다고 생각합니다. 한국에 계속 있어 봐야 크게 달라지지 않았을 테고, 아마 시골에 가서 꽃이나 키우며 지내지 않았을까 생각이 든다"고 솔직한 심경을 밝혔다.

푸단대는 그를 석좌교수로 임용하며 연구실과 함께 5성급 호텔을 숙소로 제공했다. 무엇보다 이 교수가 가장 만족한 것은 연구자를 대하는 태도였다. "우리의 과거처럼 과학기술을 강조하는 정부 정책과 사회 분위기가 있습니다. 연구비도 연구비지만, 사회적 인식이 연구자들에게 큰 힘이 되지 않겠습니까." 그가 말하는 사회적 인식은 개인적 호의에 머무는 것이 아닌, 중국의 제도적 기반과 맞닿아 있었다.

중국은 국가 차원에서 과학자를 전략적으로 우대하는 체

계를 갖추고 있다. 그 대표적인 사례가 '원사院士 제도'다. 중국 과학원과 중국공정원이 운영하는 이 제도는 학문적 권위와 행정적 지위를 동시에 부여하는, 과학기술 엘리트들에게 주어지는 최고의 영예다.

원사는 수학·물리, 화학, 생명의학, 지구과학, 정보기술, 기술과학 등 여섯 학부로 나뉘어 선발되는데, 이들 중 다수가 국가 발전 전략을 함께 설계한다. '과학으로 나라를 일으킨다科技报国'는 정신을 상징하는 자리이기도 하다. 활동 규모는 2025년 현재 약 1,800명, 매년 120명가량의 신진 원사가 새로 뽑히고 비슷한 수의 원로 원사가 은퇴한다.[21]

이들에게는 파격적인 혜택이 뒤따른다. 행정적으로는 부성장급, 학문적으로는 1급 교수 대우를 받으며, 기본 연봉만 80~120만 위안, 약 2억 원이 지급된다. 성과에 따른 보너스에는 한계가 없고, 단독으로 학제 간 연구팀을 꾸리거나 국가

---

[21] 대덕넷, '중국 과학굴기 뿌리 ⑪ 중국과학원, 과학강국의 횃불', 이석봉 기자, 2025년 5월 15일 자

중대 프로젝트에 우선적으로 참여할 수 있다. 또한 연구 설비 구입에만 수십억 원이 지원되며, 2023년 기준으로 원사가 책임을 맡은 프로젝트의 평균 예산은 1억 2,000만 위안, 약 240억 원에 이른다. 퇴직 연령도 일반 연구자보다 높아 70세에서 75세까지 활동할 수 있다.[22]

이상엽 교수는 원사 제도의 위상을 이렇게 설명했다. "중국의 14억 인구 가운데 과학기술 분야에서 가장 높은 자리에 있는 사람이 바로 원사입니다. 이들이 과학기술의 방향과 주요 프로젝트, 사업을 결정하죠. (…) 그렇게 큰 프로젝트를 믿고 맡길 수 있는 이유는 그들이 나라에서 가장 자랑스러운 과학자이기 때문입니다." 그리고 그는 말을 잠시 멈춘 뒤 덧붙였다. "우리나라에는 그런 제도가 없죠."

---

[22] 대덕넷, '우장춘 배추처럼 현택환·김빛내리 넣은 제품·제도 만들자 — 韓 R&D 의미 잃고 과학자 자긍심 몰락', 홍재화·길애경 기자, 2025년 5월 27일 자

'네이처 인덱스 2025' 세계 연구 기관 순위	
1위	중국과학원
2위	하버드대
3위	중국과학기술대
4위	저장대
5위	베이징대
6위	중국과학원대
7위	칭화대
8위	상해교통대
9위	난징대
10위	막스플랑크 연구소
⋮	
52위	서울대
⋮	
81위	카이스트

출처: 네이처 인덱스

　세계 과학 연구 역량을 평가하는 영국의 '네이처 인덱스'에서 상위 10위 기관 가운데 무려 8곳을 중국 연구기관이 차지했다. 네이처 인덱스 편집장 사이먼 베이커는 지난 20여 년간의 변화를 이렇게 설명했다. "중국이 대학 연구 분야에 얼마나 투자했는지를 보면, 지속적으로 증가해온 것을 알 수 있습니다. 이제야 그 투자에 대한 결실이 나타나고 있죠. 이것이 국가 정책, 특히 예산 투입이 무엇보다 중요한 이유입니다."

그는 뒤이어 중국 대학이 연구자들에게 제공하는 환경을 강조했다. "자금이 교육 시스템에 직접 투입되면, 그 자체만으로도 연구자들에게 매력적인 조건이 됩니다. 연구자들 누구나 일류 대학에서 일하며 자신의 연구를 더 발전시키고 싶어 하죠. 지금 중국은 그런 세계 최고의 대학들을 가지고 있습니다. 이제는 천인계획 같은 특별한 프로그램이 필요하지 않습니다. 중국 국내 대학이 제공하는 연구 기회만으로도 충분히 매력적이거든요."

실제로 중국은 2000년대 초반부터 연구개발 예산을 급격히 늘려왔으며, 최근에는 국방비의 두 배에 달하는 규모를 과학기술에 쏟아붓고 있다.

중국의 1세대 실리콘밸리라 불리는 선전. 이곳 인재공원 인근에 자리한 제로제로로보틱스는 2014년 3월, 스탠퍼드대학교 출신 왕멍추와 토니 장이 함께 세운 드론 전문 기업이다. 350명이 넘는 직원 중 절반 이상인 180명이 연구개발 인력일 정도로 기술 중심의 회사다. 이들은 드론에 인공지능을 탑재해 접이식 '셀프 카메라용 드론'이라는 새로운 시장을 열었다. 이후 2016년에는 얼굴과 인체를 인식해 사용자를 스스로 따라다니는 '호버Hover 카메라'를 세계 최초로 출시해 주목을 받았다.

'세계 최초'라는 타이틀을 얻기까지 시행착오도 많았다. CEO 왕멍추는 초기 개발 과정에서 동료들과 의견이 맞지 않아 시행착오를 겪었지만, 결국 목표했던 3.11인치 작은 프로펠러를 완성해냈다고 자신있게 말했다. 그리고는 손에 든 기기를 들어 보이며 덧붙였다.

"이걸 보세요. 크기와 중량이 모두 절반이 됐습니다. 비행 지속 시간은 더 길어지고, 영상 품질과 스마트화 수준도 더 높아졌죠. 기술은 이렇게 계속 앞으로 나아가는 겁니다."

왕멍추는 미국 스탠퍼드대학교에서 박사 학위를 마쳤지만 고국으로 돌아왔다. 중국 정부의 투자와 지원이 결국 혁신과 성공으로 이어질 것이라는 확신 때문이었다.

"사실 현재 중국의 창업 환경은 미국 못지않게 좋아요. 굉장히 개방적이고 자원이 풍부합니다. 예전엔 미국에서 먼저 만들면 중국이 따라서 싸게 만든다는 식의 패러다임이 있었죠. 하지만 지금은 전혀 그렇지 않습니다. 무無에서 시작해서 모든 걸 스스로 개발하죠. 더 이상 단순히 싸고 가성비 좋은 전통적인 의미의 '메이드Made 인 차이나'는 없습니다. 이제는 '인벤티드Invented 인 차이나'예요. '중국 제조'가 아니라 '중국 창조'의 시대인 거죠."

7

중국의
인재는
공대로 향한다

중국의 대학입학시험, 가오카오高考를 90일 앞둔 고등학교 교정에서 학생들은 "모교의 영광을 저버리지 않고, 선배들의 기대를 저버리지 않겠다"는 구호를 외치며 결의를 다진다.

수험생 쉬이단은 그 중심에 서 있다. 초등학교 때부터 진로를 정하고 무려 12년간 대학입시를 위해 공부해온 그녀는 매일 새벽 5시에 일어나 밤 11시까지 15시간 가까이 책상 앞을 지킨다. 가장 공을 들이는 과목은 수학이다. 이공계 진학을 위해 반드시 필요한 과목이기 때문이다. "저는 천체와 우주를 연구하는 걸 좋아해요. 요즘 중국이 항공, 로켓, 위성 등 첨단

산업에서 선두를 달리고 있으니, 언젠가 그 분야에서 일할 수 있다면 정말 기쁠 것 같아요."

쉬이단의 부모는 딸을 명문 고등학교에 보내기 위해 도시를 옮겼다. 가오카오는 사흘에 걸쳐 치러지며, 가족의 긴 대장정도 그 순간 마무리된다. 부모는 딸이 명문대에 진학해 유망한 직업을 얻어 자신들보다 더 부유하고 안정된 삶을 살기를 바란다.

"조금 더 세심하게 준비해 명문대 공대에 들어간다면 앞으로 어떤 직업이든 가질 수 있을 거다." 부모의 말에 딸은 묵묵히 고개를 끄덕인다. 반도체도, 원자력도, 로봇 기술도 모두 공대 기반이기에 이공계를 좋아하지 않아도 결국 선택할 수밖에 없다는 것이 부모의 생각이다. 만약 시간을 돌려 다시 수능을 치를 수 있다면 자기 역시 신소재 공학과에 지원할 것이라고 그녀의 부모는 주저 없이 답했다.

2025년 가오카오 응시생은 1,335만 명에 달했다. 전국 3,000여 개 대학 중 이른바 '985 대학', '211 대학'에 속하는 명문대

100여 곳에 입학하는 학생 수는 전체 응시생의 4.4퍼센트 정도다. 그중에서도 이공계 정원은 꾸준히 늘어나는 추세다. 예컨대 푸단대의 경우 전체 신입생 3,820명 가운데 약 80퍼센트를 이공계로 선발하고, 인문계는 20퍼센트로 축소했다. 칭화대 역시 신입생의 70퍼센트 이상을 이공계 학생으로 뽑고 있다.

한편, 앞서 만났던 항저우의 초등학생 정옌위의 가족은 비 오는 토요일에도 한 시간 거리의 학원으로 향한다. 도착한 곳은 입학시험을 통과한 5퍼센트의 소수 학생만 들어올 수 있는 선발제 과학학원. 정옌위는 컴퓨터 프로그래밍을 배우며 이곳의 여느 학생들처럼 대입을 위한 구체적인 로드맵을 짜고 있었다. 대학 선택의 폭이 넓어지는 것은 물론 목표하는 명문대 이공계 진학률이 50~60퍼센트 정도 더 높아지기 때문이다. 부모들은 명문 공대 진학이라는 목표를 품고 이처럼 시간과 비용을 아끼지 않았다.

아이의 목표가 저장대학교 공과대학이라면 어떨 것 같냐는 질문에 정옌위의 부모는 웃음을 감추지 못하며 그건 "돈으로도 절대 환산할 수 없는 가치"라고 답했다. "저장대학교 공과대학의 합격 통지서는 단순한 입학 허가가 아니라, 아이 인생에서 아주 큰 문 하나가 열리는 것"이라고 덧붙였다.

중국의 이공계 인재 육성은 개인과 가정 차원을 넘어, 제도적 차원에서도 뒷받침되고 있다. 과학기술 분야의 우수 학생들을 집중 육성하는 '수월성 교육'은 국가 차원의 인재 전략과 맞물려 시행되고 있다. 이는 개혁개방 원년인 1978년, 노벨물리학상 수상자인 리정다오가 중국과학기술대학에 설치한 '소년반'에서 시작됐다. 이후 2010년대 들어서는 초중고 단계에서 명문대 진학을 겨냥한 특별반(실험반)이 성행하며, 우수한 학생들이 중학교 시절부터 기초과학을 심화 학습하고 대학 교수나 전문가와 교류하며 연구실을 활용할 기회를 갖게 되었다. 그 성과도 적지 않았다. 베이징 제8중학교 소년반은 졸업생 전원이 주요 대학에 진학했고, 그 가운데 3분의 1 이상이 칭화대와 베이징대에 합격했다. 신샹시 제1중학교 아동반 역시 20회 졸업생 가운데 90퍼센트 이상이 주요 대학에 진학하며, 수십 명이 칭화대와 베이징대에 합격했다.

학생들의 창의적 사고와 문제 해결 능력을 키우기 위해 운영되는 창신반 같은 특별반도 마찬가지다. 심화 학습과 연구 프로젝트, 토론과 실험 활동을 통해 학생들의 잠재력을 최대한 발휘하도록 돕고 있다.

저장성 인저우고등학교에서도 전교생 2,000명 가운데 40명만 들어갈 수 있는 창신반이 운영되고 있다. 학생들은 세분화된 실험실을 옮겨 다니며 대학교 수준에 가까운 과학 수업을 받는다. 물리 경시대회를 대비한 전기학 실험처럼, 이들의 수업은 이미 고교 교육을 넘어 대학 수준에 근접해 있었다. 입시 성적과 자체 시험을 통해 뽑힌 학생들은 수학과 물리를 심화 학습하며 대학 진학을 준비한다. 수학의 매력에 빠져 베이징대 물리학과 진학을 꿈꾸는 전교 1등 왕팅은 "간결한 공식으로 자연의 기본 규칙을 설명할 수 있다는 게 가장 매력"이라며 매년 두세 명씩 베이징대와 칭화대에 합격하는 선배들처럼 자신도 기회를 잡고 싶다고 했다.

이 학교 교장 리샤는 기술 인재 교육의 중요성을 이렇게 설명한다.

"과학기술 인재는 가능한 한 이른 시기에 발굴하고 체계적으로 육성해야 합니다. 이 과정은 학생들의 과학적 소양과 사고방식을 강화하고, 미래 발전 목표를 세우는 데 큰 도움이 됩니다. 결국 국가의 미래 발전에 이바지할 인재를 길러내는 토대가 마련되는 것이죠."

소수반 운영이 차별로 비칠 가능성에 대한 우려에 대해서도 그녀는 분명히 말했다.

"우리 학교에서 소수의 학생에게 더 나은 교육 환경을 제공하는 이유는 그들 집안이 잘살거나 부모의 지위가 높아서가 아닙니다. 과학기술을 더 배우고 싶은 의지가 강한 아이들에게 그들의 수준에 맞는 교육을 제공해줄 뿐입니다. 소수반은 전교생 누구에게나 열려 있고, 준비된 학생이라면 누구나 들어올 수 있습니다. 우리는 사교육이 아닌 공교육 안에서 더 실질적이고 공정한 배움의 기회를 제공하려는 것입니다."

PART 2

의대에 미친 한국

"자격증으로 보호되는 직군에 우수한 인재가 몰리는 현상이 생기면 그 사회가 쇠락하고 있다는 증거로 볼 수 있습니다."

1

한국의
인재는
의대로 향한다

AT 변경 건의사항

- TOT 2단계 개선사항
  - 개선사항
  - (B) 업무 분류
  - H/W
  - 등 내역
  - rewriting
  - print 시

●

 서울 광진구에 사는 서장협 군은 여느 때와 같이 컴퓨터 앞에 앉았다.
 "고등학교 2학년 때 학교 동아리에서 부스를 운영하면서 게임처럼 하려고 만든 프로그램이에요."
 어릴 때부터 수학과 컴퓨터를 좋아했던 그는 지난해 수능에서 일반고 출신으로는 유일하게 만점을 받았다. 그리고 서울대학교 컴퓨터공학부에 진학했다. 소프트웨어 엔지니어가 되기 위한 선택이었다. 그 선택은 수능 만점 소식만큼이나 화제가 되었다.
 "공부 잘하니까 의대 가야겠다는 친구들이 간혹 있거든요.

저는 진로가 명확한 편이어서 성적과 무관하게 컴퓨터공학부에 진학했습니다."

소신대로 학과를 선택한 서장협 군의 생각과 달리 그의 어머니는 공대 가기에는 수능 점수가 아깝다는 이야기를 주위에서 수없이 들었다며 솔직한 생각을 전했다.

"당연히 수능 만점 받았을 때 원서 한 장이라도 의대를 썼으면 좋겠다는 생각은 했어요. 다들 저한테 그러더라고요. 원서 한 장은 의대 썼지?"

현재 한국의 대입 환경에 의대를 향한 기대와 집착은 특정 가정에서만 나타나는 현상이 아니다.

대치동에서 세 아이를 키우며 교육 유튜브 채널을 운영하는 '대치맘 유튜버' 유리스마. 아이들 교육 때문에 우연히 시작한 채널은 어느새 5~6년째 이어지며 그녀를 60만 교육 인플루언서로 만들었다. 그녀는 '의대 진학'만큼 한국 부모의 욕망이 집중되는 이슈가 없다고 강조했다.

실시간 채팅창에 "의대 보내고 싶은 선한 욕망! 눌러보세요"라고 외치자, 화면에는 클릭이 쏟아진다. 이어서 "족집게 과외 선생님이 1억 원에 의대 보내준다고 하면, 쓰겠느냐?"라는 질문에도 시청자들은 주저 없이 쓴다는 반응을 보인다. 1억이라는 거금조차 의대 입학 앞에서는 흔쾌히 투자할 수 있는 금액인 것이다. 그녀는 의대에 대한 열망을 이렇게 해석했다.

"엄마의 수고에 대한 확실한 도장이잖아요. 우리나라에서는 공대를 나와도 결국은 월급쟁이에요. 그 월급으로 집을 사고 부의 확장, 축적을 하는 건 불가능하죠."

유리스마는 학원 앞에서 아들과 대화를 이어간다. 자세가 좋아졌다는 원장의 칭찬, 꼭 받아야 할 클리닉 수업 시간, 학원 근처에서 기다리고 있겠다는 말까지, 아이의 하루는 촘촘히 짜인 엄마의 계획에 따라 움직인다. 대치동 아이들의 시간은 이처럼 부모가 만든 학습 계획표대로 흘러간다.

이 계획표는 하루의 스케줄을 넘어 대입까지 이어지는 정교한 로드맵으로, 시기별로 정해진 목표와 아이의 성향에 맞춘 선택지로 구성된다. 가장 먼저 취학 전 지능검사로 이과·문과 적성을 확인해 이과 적성이 뚜렷하면 과학고·영재고·자사고 과정을, 문과 적성이 나오면 외고 과정을 택한다.

강남에서는 취학 전 아이들을 대상으로 이 같은 지능검사를 받게 하는 것이 유행처럼 자리 잡았다. 특히 '영재 검사'라 알려지면서 학부모 사이에서 인기를 끌고 있는 웩슬러 지능검사는 일종의 IQ 테스트로, 언어 이해·시공간·유동 추론 등 5개 영역에서 아이의 지능을 측정한다.[23] 유명 센터의 경우 수십 만원에 이르는 검사 비용에도 대기가 두 세달이 넘어가곤 한다. 아이의 수준을 미리 파악해 의대 진학을 위한 선행학습이 가능한지를 가늠하기 위해서다. 강남의 한 지능검사 센터장은 "부모님은 아이가 문과보다는 이과 성향이라는 사실을 확인할 때 기뻐하고, 그 이후에는 어떻게 하면 의대 진학을 할 수 있을지를 논의한다"라고 설명했다.

이후 초등 저학년에는 사고력 수학학원에서 수 감각과 문제 해결력을 기르고, 초등학교 3학년이 되면 과목별 유명 학원에서 본격적으로 교과 과정을 선행해 초등학교 6학년까

---

[23] 문화일보, '영재검사 받고나니… ○○학원 가세요', 인지현·이소현 기자, 2024년 1월 18일 자

지 고등학교 1학년 과정을 마무리하는 것이 일반적인 경로다. 중학교 때는 고2 수준의 선행을 끝내고, 내신과 모의고사 성적에 맞춰 과외와 추가 심화를 배치한다. 고등학교 시기엔 국·영·수는 유명 입시학원, 부족한 과목은 개별 과외, 그리고 관리형 독서실을 조합해 내신과 수능 대비를 반복한다. 나아가 재수·삼수 단계에서도 유명 재수학원이 기본 코스로 여겨지고, 과목별 족집게 과외를 붙여 맞춤식으로 채운다.

"한국 입시는 본인의 IQ, 지능만 높다고 해서 잘 치를 수 있는 게 아니에요. 시기마다 부모가 훌륭한 조력자가 되어 아이가 필요한 부분을 사교육으로 잘 채워줘야 하는 종합예술 작품 같아요."

그녀의 말처럼 학군지의 입시는 부모의 치밀한 기획과 사교육 네트워크가 함께 빚어내는 하나의 작품에 가까웠다.

실제로 지난해 정시 전형으로 의대에 입학한 서울 출신 학생 가운데 64퍼센트가 강남 3구 출신이었다. 이 같은 결과는 입시 성과에만 그치지 않는다. 종로학원이 교육부의 학교알

2024년 의대 신입생의 정시 전형 출신 지역 분석

단위: 명

지역	인원	지역	인원
강남구	189	서초구	73
송파구	36	양천구	55
종로구	17	용산구	10
광진구	10	강서구	13
노원구	13	강동구	12
은평구	11	구로구	7
서대문구	5	성북구	4
중구	2	성동구	2
도봉구	2	강북구	2
영등포구	2	마포구	1
동대문구	1	중랑구	0
동작구	0	관악구	0
금천구	0		

출처: 더불어민주당 강득구 의원실

리미 자료를 분석한 결과, 2024년 전국 6,300여 개 초등학교 가운데 초등학생 순유입이 가장 많았던 지역 역시 서울 강남구였다. 순유입 규모가 2,575명으로, 10년 만에 최고치이자 다른 지역과는 비교조차 어려운 수치였다. 이어 양천구(896명), 강동구(749명), 서초구(419명), 송파구(130명), 노원구(129명)가 뒤

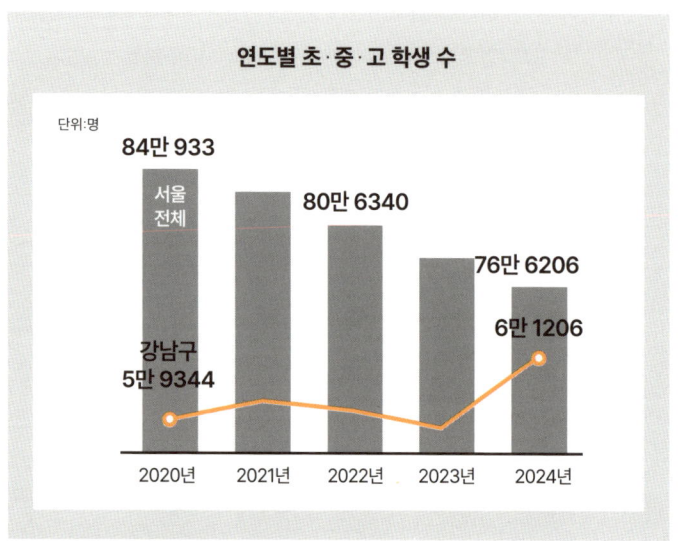

자료: 중국 국가시장감독관리총국

를 이었는데, 이들 역시 모두 잘 알려진 학군 지역들이었다.

종로학원 임성호 대표에 따르면, 초등 의대 입시 특별반 같은 경우, 의대 합격 실적이 강남·서초 등 상위 3개 구에 80퍼센트 이상 몰린 입시 지형에서 비롯된 특정 권역 중심의 현상으로 볼 수 있다. 이 같은 편중이 지속되면서 '더 일찍, 더 빡세게' 준비해야 한다는 분위기가 해당 지역에서 공고해졌고, "수도권에서는 강남·서초권 고교를 졸업하지 않으면 의대 진입이 현실적으로 매우 어렵다"는 것이 그의 분석이었다.

한국교육개발원 통계 또한 같은 흐름을 보여준다. 지난해 강남구의 초·중·고 학생 수는 6만 1,206명으로 전년 대비 3.6퍼센트 증가했다. 전국 학생 수가 약 8만 명 줄어든 것과 대조적으로 강남만은 오히려 늘어난 것이다. 그 결과 강남구는 서울 25개 자치구 가운데 학생 수 1위를 차지했으며, 학급 수가 늘어난 자치구도 강남이 유일했다.

2024년 서울 입시 학원가 매출 1위 역시 강남구 대치동으로, 월 평균 매출이 410.2억 원에 달하며 전년보다 15.74퍼센트 증가했다. 2위는 양천구 목동(244.9억 원), 3위는 양천구 신정동(92.7억 원)이 차지했다. 그 뒤로 서초구 반포동(80억 원), 서초구 서초동(65.5억 원), 강남구 역삼동(60.6억 원) 등이 10위권에 들었다.

입시 전문가 송동일은 '대치 키즈'라는 말이 결코 과장이 아니라고 말한다. 그의 설명에 따르면, 대치동의 교육 여정은 아이가 태어나자마자 시작된다. 조리원에서 함께 지낸 동기들과 교육 계획을 세우고, 가장 먼저 발을 들이는 곳은 영어 유치원이다. 일찍부터 언어 경쟁력이 필요하다는 공감대가 형성되어 있기 때문이다.

초등학교에 들어갈 무렵이 되면, 아이들은 또 다른 경쟁의 문턱에 선다. 대치동의 대표적인 수학학원에 입학하기 위해 별도의 입학시험을 준비하는 학원에 다니는 것이다. 이중, 삼중의 대비 과정을 거치면서 학생들은 초등학교 시절부터 이미 치열한 선행학습과 경쟁에 익숙해진다.

그러다 중학생이 되면 경쟁은 더욱 치열해진다. 어떤 학생은 내신 성적을 위해 일반 학원에 다니고, 또 어떤 학생은 특목고나 자사고 진학을 목표로 하는 학원에서 수업을 받는다. 이후 고등학교 진학 단계에서 길이 갈라진다. 영재학교나 과학고에 진학하는 학생도 있고, 전국형·광역형 자사고를 선택하는 경우도 있으며, 강남 8학군 일반고로 가는 경우도 있다. 그러나 다른 길을 걷는 것처럼 보이지만, 이들의 최종 목표는 동일하다. 바로 의대 진학이다.

의대를 향한 압도적인 지향점 때문에 대치동에서는 끊임없이 새로운 형태의 학원과 서비스가 생겨난다. 과거에는 상상하기 어려웠던 맞춤형 프로그램과 특화 서비스가 경쟁적으로 쏟아져나오면서 이를 전문적으로 관리하는 새로운 직업군까지 등장하고 있다. 학습은 물론 식단까지 1 대 1로 관리해주는 입시 컨설턴트, 학원 라이딩 및 스케줄링, 숙제 검사, 학원 상담을 대신 받아 정리해주는 개인 매니저 등이 여기에 해당한다. 대치동의 모든 교육 경로와 사교육 인프라는 의대 진학이라는 하나의 목표로 수렴하고 있다.

초등학교 5학년 A양은 지난해부터 의대를 목표로 하는 수학학원에 다니고 있다. 시험에 통과해야만 들어갈 수 있는 특별반이다. 아이는 치과 진료를 받으며 치과의사 선생님을 동경해 의사를 꿈꾸게 되었다고 말했다. A양은 여기서 중학교 1학년 과정의 수학을 배우고 있었다.

대치동 수학학원의 모 원장은 의대 목표 특별반의 커리큘럼을 체계적으로 설명했다. 빠른 반복 학습이 무엇보다 핵심이었다.

의대 목표 특별반에서는 보통 7세 무렵에 연산과 사고력 수학으로 문을 열어 초등 저학년까지는 문제 해결력과 논리

적 사고를 기르는 수업에 무게를 둔다. 이후 초등 3학년부터 교과 선행의 속도를 끌어올린다. 그리고 초등 6학년 무렵에는 중등 수학을 마무리한 뒤 중학교 단계에서 고등 수학 전 범위를 끝내는 것이 일반적인 흐름이다. 최상위권 학생은 중학교 3학년 무렵 해당 단원들을 10회독, 많으면 14회독 이상 끝내 선생님보다 더 빠르고 정교하게 문제를 풀 수 있을 경지에 이른다. 일찍 시작해 깊게 반복하고, 학기의 경계를 허물어 시간을 압축하는 것이다. 아이들의 시간은 이렇게 쉼 없이 앞당겨진다.

고등학교 3학년 B군도 초등학교 때 가족과 함께 대치동으로 이사했다. 대치동의 사교육 인프라를 이용해 의대 준비를 하기 위해서였다. 학원이 끝나면 그는 곧바로 스터디카페로 향한다. 입실과 퇴실, 외출, 수면 시간, 목표 학습량 달성률까지 전부 관리되는 곳이었다. 정해진 시간대로 움직이지 않으면 즉시 부모에게 연락이 간다.

B군은 초등학교 4학년부터 의대를 목표로 살아왔다.

"이렇게 사는 것에 익숙해졌어요. 공부를 해야 한다는 압박감 때문에 힘들어도 놀 수 없긴 하지만 의사가 돼서 미래에 좋게 살고 편히 살려고 하는 거잖아요."

과도한 선행학습을 부추긴다는 이유로 '초등 의대반'이란 문구는 쉽게 찾아보기 힘들어졌지만, 목적이 다르지 않은 특별반은 암암리에 운영되고 있다. 대개 상위반, 심화반 같은 이름으로 의대 대비 커리큘럼을 진행하고, 학부모 상담에서만 '의대 트랙'임을 확인하는 식이다. 이렇게 초등학생 대상으로 꾸려진 의대 목표 특별반은 중고등학교를 거치며 반 편성과 과외 네트워크까지 함께 이동해, 사실상 한 묶음으로 입시까지 쭉 이어지는 경우가 적지 않다.[24]

그만큼 진입 장벽도 높아졌으며 커리큘럼의 강도도 만만치 않다. 일부 프랜차이즈 학원은 초등 2~3학년을 대상으로 한 레벨 테스트에서 고1 수준의 문제를 출제하는가 하면, 초등 5학년을 대상으로 한 의대반 교재에는 이미 중학교 과정을

---

24 교육언론 창, '14배속 선행수업? 어린 환자 만드는 초등 의대반 득세', 윤근혁 기자, 2024년 7월 1일 자

넘어 대학 교육과정에서 다루는 '가우스 기호' 같은 문제들이 실려 있다고 전해진다.[25]

이는 점차 인천, 경기, 부산, 대구 등은 물론 지방 중소 도시까지 확산되는 추세다. 경북 소재의 한 학원은 "의치한약수(의대·치대·한의대·약대·수의대)에 간 아이들은 초등 때 무엇을 공부했을까"라는 간판을 내걸고 초등생을 대상으로 '의대 선발고사'를 치르기도 했다.[26]

대치동의 한 관리형 스터디카페 대표는 대치동을 "사교육계의 태릉선수촌"이라 표현한다. 학원과 학교는 감독과 코치이며, 관리형 스터디카페나 독서실은 일상 훈련을 돕는 개인 트레이너, 그리고 학생은 이 체계적인 시스템 위에서 의대라는 메달을 향해 달려나가는 선수인 것이다.

그는 이곳 아이들의 목표가 왜 하필 의대인 것 같냐는 질문

---

[25] 세계일보, '초등 의대반 전국 확산… 초5 때 대학 과정 가우스 기호가?', 고예은 기자, 2024년 8월 14일 자
[26] 조선일보, '일차방정식 배우는 초3… 의대 열풍에 학원가엔 초등의대반 유행', 최효정 기자, 2023년 2월 28일 자

상위 20위권 학과(자연계)

순위	2023년	2024년	2025년
1	서울대 의예과	서울대 의예과	서울대 의예과
2	연세대 의예과	연세대 의예과	연세대 의예과
3	성균관대 의예과	가톨릭대 의예과	가톨릭대 의예과
4	가톨릭대 의예과	서울대 의예과(지균)	서울대 의예과(지균)
5	울산대 의예과	성균관대 의예과	성균관대 의예과
6	고려대 의예과	고려대 의과대학	고려(서울) 의과대학
7	가천대(메디컬) 의예과	고려대 의과대학(교과우수)	울산대 의예과
8	경희대 의예과	한양대 의예과	고려대 의과대학(교과우수)
9	아주대 의학부	울산대 의예과	한양대 의예과
10	중앙대 의예과	가천대(메디컬) 의예과	가천대(메디컬) 의예과
11	한양대 의예과	경희대 의예과	경희대 의예과
12	이화여대 의학과	서울대 치의학과	서울대 치의학과
13	서울대 치의학과	인하대 의예과	인하대 의학과
14	인하대 의예과	중앙대 의학부	중앙대 의학부
15	연세대 치의예과	아주대 의학과	아주대 의학과
16	경북대 의예과	이화여대 의예과	이화여대 의예과
17	부산대 의예과	부산대 의예과	부산대 의예과
18	순천향대 의예과	인제대 의예과	경북대 의예과
19	한림대 의예과	단국대(천안) 의예과	단국대(천안) 의예과
20	단국대(천안) 의예과	연세대 치의예과	인제대 의예과

출처: 종로학원

에 '에르메스 가방' 비유를 들었다. 딱 하나의 명품 가방을 살 수 있는 백화점 상품권이 있으면 결국 디자인이 마음에 들지 않아도 가장 비싼 에르메스 가방을 고르듯, 어디든 갈 수 있는 성적표가 있으면 자연스럽게 사회적 보상과 안정이 가장 확실히 보장되는 의대를 택한다는 것이다. 다시 말해 이곳에서 의대는 곧 명예로운 '금메달'이자 가치가 높은 '에르메스 가방'인 셈이다.

편의점에서 라면을 먹고 햄버거를 먹는 학생들. 주요 학원가에는 유독 빠르게 끼니를 때울 수 있는 패스트푸드 음식점이 많다.

좋아하는 것도, 잘하는 것도 제각각이지만 이곳에 모인 아이들의 목표는 역시나 의대 하나다. 그리고 그 결과 지난 3년간 자연계 수능 성적 최상위 학과는 1위부터 20위까지 모두 의대였다.

대치동의 시간은 의대를 향해 흐른다.
아이의 하루는 엄마의 계획표로 움직이고,
공부는 선택이 아니라 생존 전략이 되었다.
의대는 그 경쟁의 '금메달'이자 '에르메스 가방'이다.

2

의대 열풍과
이공계의 위기

2025년 '스카이'로 불리는 서울대·연세대·고려대 이공계 정시 경쟁률은 2024년에 비해 25퍼센트 이상 감소했다. 자연계 정시 합격생 가운데 약 43퍼센트는 등록을 포기했다.[27] 그리고 이들 중 상당수가 의대에 가기 위해 재수를 선택했다.

의대 입시에서 재수는 특별한 선택이 아니라 보편적인 과정으로 여겨진다. 대치동에서 13년 동안 국어를 가르치고 있는 장의순 강사는 의대를 목표로 한다면 재수는 기본이고, 삼

---

27 종로학원,「자연계 최상위권 학과 입시 결과 분석」, 2025년

수, 사수, 오수까지도 각오해야 한다고 말한다. 실제로 2025학년도 의대 신입생 10명 가운데 6명은 여러 차례 수능을 치른 소위 'N수생'이었다.

이과 상위권 학생들의 성적대가 훨씬 더 높아져, 의대라는 문이 오직 극소수의 최상위 성적대 학생들에게만 열려 있기 때문이다. 의대 진학의 기본 조건은 전 과목 1등급이지만, 점수 산출 방식의 미세한 차이로도 학생들의 진로는 갈린다. 말 그대로 "백분위와 표점(표준점수) 싸움"이다. 한 문제 실수로 서울권과 지방 의대가 갈릴 만큼 촘촘하다 보니, 상위권 학생과 부모는 '한 해만 더' 하면 간판을 올릴 수 있다고 믿는다.

그가 오랜 시간 학생들을 가르치며 관찰한 바로는, 최상위권일수록 꼬리표에 민감하고 얼마간 완벽주의 성향이 있어 "의대면 됐다"가 아니라 "더 좋은 의대를 가야 한다"로 목표가 바뀌고 그것이 곧 재수, 삼수, 사수로 이어진다. 또 지방 의대에서 인서울 의대로, 인서울 의대에서 메이저 의대로 진학하기 위해 N수를 택하는 경우도 많다.

그 결과 대치동 학원가에서는 대학 1학년 재학 중 반수를 준비하는 풍경이 흔해졌고, 심지어 직장인들까지 반수반에 참여하는 경우가 늘었다.

"반수반이 열리는 6월 중순이 되면 대학생뿐 아니라 직장인들도 강의실로 몰려온다"는 그의 설명처럼 의대 쏠림 현상은 날이 갈수록 점점 더 가속화되고 있다.

그리고 이는 곧 이공계의 위기로 이어지고 있다.

2025년 수능을 치르고 2026년 수능을 다시 준비하고 있는 재수생 C군은 고려대학교 공과대학에 진학하고 싶었지만, 부모의 강한 반대에 부딪혔다.

어머니의 "공대는 안 된다. 가서 뭐 먹고 살 거냐"라는 말은 결정적이었다. 취업 걱정이 발목을 잡은 것이다. 결국 상향지원으로 모두 의학계열에 지원했고, 최종적으로 재수를 해야만 했다.

이공계열 학과 안에서도 이는 낯선 일이 아니다. 대학원에 재학 중인 학생들의 말에 따르면, 처음에는 순수 과학을 전공하겠다며 입학했던 동기들도 현실적인 벽에 부딪혀 조용히 의대로 방향을 트는 경우가 많다고 했다. 휴학 후 반수를 준비하거나 의학 계열 진학을 다시 모색하는 경우도, 1학년 1학기가 끝나거나 2학년 무렵 갑자기 사라진 동기와 선배들 역시 알고 보면 의학계열 입학을 목표로 다시 공부를 시작하는 경우도 드문 일이 아니었다.

연세대학교 물리학과 교수 김근수는 한 의대생과 면담을 나눈 경험을 소개했다. 물리를 매우 좋아하지만 부모의 반대와 사회적 분위기 속에서 결국 의대를 선택하고 물리는 그저 취미로만 두겠다는 학생이었다. 김 교수는 그런 학생의 재능을 아깝게 여겨 "물리학자로도 충분히 성공할 수 있을 것 같다"고 권유했으나 학생에게선 이런 대답이 돌아왔다. "물리학자로 크게 성공했을 때도 유튜버, 운동선수, 의사만큼의 경제적 보상을 기대할 수 있나요?" 인류에 공헌했다는 자부심과 명예를 이야기했지만, 김 교수는 스스로도 그 답이 학생을 설득하기는 어려울 것임을 대화 도중 깨달았다고 고백했다.

김 교수는 "한국은 상위권 학생들이 의대부터 채우는 독특한 구조를 보이고 있다"라고 이야기했다. 미국에서도 의사는 인기 있는 직업이지만, 한국처럼 최상위권 성적대가 의대로 쏠리는 일은 드물다는 것이다.

　취업이 보장되는 이공계 학과라도 이 위기에서 아주 자유로울 수는 없었다. 고려대학교 반도체공학과는 SK하이닉스와 고려대가 핵심 인재를 선제적으로 확보·양성하기 위해 2021년에 만든 국내 최초의 산업체 계약학과로, 소수의 뛰어난 엔지니어가 난제를 뚫어 산업 전체를 견인하는 특성이 있는 반도체 산업 특성상 학습 역량이 검증된 최상위 학생을 조기 선발해 회사의 핵심 인력으로 키우겠다는 목적에서 출발했다.

　이곳에서 신창환 교수는 의대로 가는 몇몇 학생들을 보며 그들이 두려워하는 게 무엇인지 체감했다고 밝혔다.

　"안정과 고소득 이 두 마리 토끼를 다 잡는 거는 불가능한 얘기인데, 놀랍게도 의사라는 직업을 택하게 되면 사회적으로 꽤 높은 수준의 보상을 받으면서 늙어서까지 자기 사업장을 운영할 수 있는 기회가 생기죠."

　그러니까 미래에 대한 막연한 불안함을 지닌 학생들에게 '의사'라는 직업은 명예와 안정을 모두 챙길 수 있는 최고의 선택지라는 것이 그의 설명이었다.

반면 소득이 높아도 퇴직이라는 것이 존재하는 공학자의 미래는 두려움을 수반할 수밖에 없다.

그는 미래 인재들에게 반도체 분야를 알리기 위해 지역에 있는 고등학교에 특강을 다니며 만난 학생들에 대한 이야기도 들려주었다.

"공통된 질문은 그겁니다. '부자가 될 수 있나요?' '반도체를 전공하면 카드값 걱정하지 않고 먹고살 수 있나요?'"

그러나 신 교수는 이러한 불안이 단편적인 사고에서 비롯된 것일 수 있다는 지적도 했다. "기업에서 성장한 그 경험을 바탕으로 더 큰 성장을 할 수도 있다"라는 것이다. 그는 국가의 새로운 부를 창출할 수 있는 한국의 우수한 인재들이 정신적 가치가 아닌 금전적 보상 하나로 의사라는 직업을 택하는 상황에 대한 아쉬움을 표했다.

의대 쏠림으로 인한 이공계 위탈 위기는 대학에서도 심각한 사안으로 떠올랐다. 서울대 공과대학 학장 김영오는 "서울대 공대에 850명이 입학하지만 졸업은 750명이 채 되지 않는다"며, 자신이 학장을 시작했을 때 그 숫자에 크게 놀랐다고 털어놓았다.

불과 5년 전만 해도 100명 이하였던 이탈자가 최근 5년 사이 그 수치가 매년 100명 이상을 늘어나더니, 의대 증원 논란이 있었던 지난해에는 120명까지 치솟았다.

앞서 보았던 반도체공학과처럼 취업이 보장되는 산업학과에서도 이탈은 끊이지 않았다. 2024학년도 삼성전자와 SK하이닉스 반도체 계약학과의 정시 합격자 미등록 현황을 분석한 결과 최종합격 후에도 138명이 등록을 포기한 것으로 나타났다. 등록포기율은 179.2퍼센트로, 정시 모집 인원(77명)의 1.8배가 등록을 포기한 셈이다.[28]

화학생물공학부처럼 의대와 입시 과목이 유사한 학과에서의 이탈은 특히 시급한 문제라고 그는 강조했다. 공학을 좋아해 입학한 학생들이 동료들의 이탈을 보며 상처받지는 않을까 우려하는 모습이었다.

'의대에 가야 성공한다'는 사회의 획일적인 선입관이 학생

---

[28] 이투데이, '반도체·첨단학과 인재 이탈 심각… 처우 개선·국가적 전략 필요', 정유정 기자, 2025년 2월 11일 자

**2024학년도 삼성전자·SK하이닉스
반도체 계약학과 정시 합격자 미등록 현황**

단위: 명

계약 기업	대학명	학과명	정시 모집 인원	정시 미등록 인원	정시 미등록 비율
삼성 전자 (47명)	성균관대	반도체시스템공학과	22	13	0.6배
	연세대	시스템반도체공학과	25	65	2.6배
SK 하이 닉스 (30명)	고려대	반도체공학과	10	10	1배
	한양대	반도체공학과	10	36	3.6배
	서강대	시스템반도체공학과	10	14	1.4배

출처: 종로학원

들을 방황하게 만들고 있고, 보상 문제, 연봉과 사회적 대우에 대한 인식이 의대 쏠림을 부추기고 있다고 덧붙였다.

한편 의대로 빠져나간 이공계 학생들의 빈 자리는 외국인 유학생이 메우고 있다. 주로 베트남, 파키스탄, 인도 학생들이 부족한 대학원생의 수를 보완하고 있으며, 연구 성과 사례가 늘면서 일부는 지방대 교수로 임용되기도 한다.

잠재력 있는 개발도상국에서 최상위 대학에 입학한 학생

들을 선발해 대한민국 산업에 기여할 수 있는 혁신 인재로 육성하는 방안까지도 구상 중이라는 김 학장은 이 문제가 "매우 긴박하다"라고 강조했다.

공학 전공자는 줄어들고
연구 현장은 외국인 유학생으로 채워지고 있다.
의대는 여전히 '안정'과 '성공'을 보장하는 단 하나의 문이다.
지금의 경쟁은 미래를 위한 싸움이 아니라,
불안을 피하려는 생존의 전쟁이다.

3

의대 열풍 이전에는 공대 열풍이 있었다

●

'의대공화국'이 된 대한민국, 인재들의 의대 쏠림 현상은 언제부터 시작됐을까?

1980년대 대한민국은 국가의 전략이 곧 인재의 진로를 결정하던 시기였다. 정부는 과학기술을 국가 성장의 원동력으로 삼았고, 가장 우수한 학생들은 물리학과, 전자공학과, 기계공학과를 선호했다. 산업기술 개발을 강조하던 국가의 방향성은 곧 사회적 분위기로 확산되었으며, 대학 캠퍼스마다 공학도의 자부심이 넘쳐흘렀다. 서울대학교 산업공학과 74학번 이광형 카이스트 총장은 그때의 그 분위기를 또렷하게 기억하고 있었다.

"지금 우리가 먹고사는 게 그때 투자해놓은 것이 꽃을 피운 덕분 아니겠어요."

기술을 향한 집단적 열망과 신념은 성취로 이어졌다. 1982년 한국은 조선업 생산량 세계 2위를 달성하고 4년 후인 1986년 국산 자동차의 미국 수출이 시작되었다. 1980년에는 국산 개인용컴퓨터를 최초로 생산하기에 이르렀다. 과학기술이 일상에 스며드는 순간이었다.

과학기술정책연구원의 박기범 선임연구위원은 이를 두고 "1980년대는 그야말로 고도성장을 하던 시기였다. 특히 거의 전무하다시피 한 과학기술이 세계적 수준까지 올라가는 과정, 그 얼마나 빠른 속도의 발전이 있었겠는가"라고 말했다.

그리고 "1990년대 경우에는 매년 이공계 박사 학위가 배출되는 수보다 거의 2.6배에 달하는 일자리가 생겨났고, 대학에서 연구개발 박사급 인력을 길러내는 것도 90년대 들어서야 가능해진 일이었다"라고 당시를 회상했다.

박 위원의 말처럼 1990년대에 접어들며 대한민국은 개발도상국의 이미지를 벗고 세계적인 과학기술 국가로 도약했다. 1993년 8월부터 11월까지 93일 동안 대전에서 열린 세계 박람회, 즉 '대전 엑스포'는 그러한 도약의 상징과도 같았다. '새로운 도약의 길'을 주제로 사실상 한국이 세계 무대에 과학기술 국가로서 존재감을 공식적으로 드러낸 무대였다.

중규모 전문 박람회 성격으로 시험적으로 치러졌음에도 성과는 압도적이었다. 108개국과 33개 국제기구, 국내 200여 개 기업이 참여했고, 1,450만 명의 입장객과 약 4,400억 원의 수입, 254억 원 흑자라는 놀라운 성적을 기록했다. 귀여운 마스코트 '꿈돌이'가 여전히 대중의 기억 속에 친근하게 남아 있는 이유이기도 하다.

88서울올림픽에 이어 두 번째 국제 규모로 치러졌던 이 행사로 한국의 위상은 이전과 달라졌다. 과학기술 발전과 인류의 미래를 조망하는 다양한 전시들은 국내외 관람객들에게 깊은 인상을 남겼고, 대덕연구단지의 위상은 과학기술의 메카로 격상되었다. 대전은 명실상부 '과학도시'로 자리매김했다. 교통·도로·하천 정비 등 도시 기반시설이 최소 10년은 앞당겨 확충되었다.[29] 산업연구원에 따르면, 생산 유발액 3조 643억 원, 소득 유발액 1조 2,500억 원, 고용 창출 효과 21만 2,000명이라는 경제적 파급 효과도 뒤따랐다.

무엇보다 한국 사회 전반에 자신감을 심어주었다. 세계 박람회 사상 가장 뛰어난 정보화 엑스포라는 평가는 더욱 값졌다.

이 무렵부터 인재들은 첨단 산업의 가능성에 인생을 걸었다. 1990년대에 가장 우수한 학생들은 컴퓨터공학과, 전자공학과로 향했다. 그때를 기억하는 카이스트 황보제민 교수는 "그때만 해도 공대에 가면 성공할 수 있고, 재미있는 일을 하고, 남들보다 돈을 많이 벌 것이라는 인식이 강했다"라고 전했다.

1992년 세계 최초 64M D램(반도체) 개발

1994년 세계 최초 256M D램

---

[29] 행정안전부 국가기록원, 「대전엑스포 93」

1996년 세계 최초 1GB D램

1996년 세계 최초 CDMA 이동통신 시스템 상용화

(…)

그들의 예상대로 산업 각 분야에서 '세계 최초'라는 수식어가 쏟아져나왔다. 인재들은 끊임없이 도전했고 혁신을 만들어냈다.

그리고 세계 최초로 운전자 없이 고속도로를 시속 100킬로미터로 달리는 자율주행 자동차가 등장했다. 그 놀라운 장면은 30년 전 이미 한국 연구진의 손으로 구현되었다. 전 고려대학교 산업공학과 한민홍 교수가 바로 그 주역이었다. 그는 1988년부터 자율주행 연구를 시작해 1990년부터 대외에 공개했고, 1995년 빗길 고속도로에서 시속 100킬로미터로 주행하는 무인차를 시연했다.

한민홍 교수 연구팀은 당시 세계 최고 수준의 자율주행 기술을 확보하고 있었다. 차에 타면 카메라가 운전자의 눈동자 위치를 탐색해 졸리지 않을 때의 모습을 기억해두고, 0.5초 이상 눈을 감고 있으면 졸음을 인식해 위험을 알렸다. 초음파와

적외선 감지기가 장애물을 감지하고 자동차를 제어하며, 고도의 인공지능 회로를 가진 컴퓨터가 모든 상황을 알아서 판단해 야간 주행에서도 사람보다 정확히 도로를 인식했다.

커다란 반향을 일으킨 이 자율주행 자동차는 대전엑스포에서 100일 동안 시범 운행을 지속했다. 이후 국제학술대회에서 이 기술을 발표한 결과, 독일 메르세데스-벤츠, 폭스바겐 기술진의 방문과 프랑스 제1호 자율주행 자동차를 만드는 계기로까지 이어졌다.

"자율주행 기술이라는 게 아주 조그마한 분야의 기술이 아니고 여러 가지가 복합된 기술이거든요. 퍼즐 한 조각을 채우지 못하면 전체 기술이 완성되지 않는 거죠."

현재 자율주행 자동차에 적용되고 있는 많은 기술을 당시 그의 연구팀에서도 개발했다. 과학기술은 명실상부 대한민국 성장의 핵심축이었고, 이공계 그 중심에서 인재들은 나라를 세계 무대의 주역으로 이끌었다.

그러나 눈부신 성취의 시대는 IMF 외환 위기라는 거대한 파도를 만나며 하염없이 흔들리기 시작했다.

4

불안 사회가 만든
부와 안정의 상징

●

　1997년 겨울, 한국 사회는 한순간에 무너져 내리는 듯한 충격을 경험했다. 정부는 긴박하게 치닫는 외환 위기를 수습하기 위해 결국 국제통화기금IMF에 긴급 자금 지원을 요청하기로 결정했다. 재계는 초긴축 비상경영 체제에 들어갔다. 기업들의 감량 경영이 빠르게 확산되면서 실업 인구는 150만 명에 육박했고, 그 가운데 직장을 다니다 해고된 사람만도 79만 3,000명에 달했다. 기업들이 속속 무너지면서 직장인들은 거리로 내몰렸다.

　자율주행 자동차 개발의 주역 한민홍 교수는 당시를 이렇게 회상했다.

> "처음에 영향을 받은 건 연구소, 개발직이었습니다. 여러 가지 현상이 발생한 후로는 이공계 학생이나 연구진이나, 저를 포함해서 '내가 연구로 국가 산업에 기여해야겠다'는 자부심이나 동기가 점점 사라지지 않았나…."

줄도산 속에서 가장 먼저 실직한 이들은 바로 연구자, 개발직이었다. 당장 '오늘' 살아남아야 하는 기업들은 '미래'를 위한 연구개발 투자 규모를 축소할 수밖에 없었고, 과학기술 인력의 직업적 안정성은 뿌리째 흔들렸다.

과학기술의 성취로 자신감을 쌓아가던 인재들은 갑작스럽게 몰락의 현실을 마주했다. 국가적 위기 속에서 '평생직장'이라는 약속은 흔적 없이 사라졌고, 안정적 지위를 지닌 직업만이 매혹적인 선택지로 떠올랐다.

서울대 사회학과 교수 이재열의 분석에 따르면, 의대 쏠림 현상이 본격화된 시점은 바로 이때다. 그전까지는 사회에서 필요로 하는 기술과 지식을 배우면 곧 일자리가 뒤따른다는 믿음이 강했다. 성장하는 경제가 일자리를 만들고, 국가는 이를 표준화된 발전 모델 속에서 배분했다. 그러나 외환 위기 이후 상황은 급변했다. 효율성을 최우선으로 하는 구조조정이 밀어닥치며 노동시장은 안정적인 지위를 지닌 12퍼센트와 그렇지 못한 88퍼센트로 갈라졌다. '12 대 88'사회로 이분화된 것이다. 그 지위 경쟁에서 의사는 단연 정점에 위치한 직업으로 자리 잡았다.

노동시장의 이중 구조는 곧바로 교육과 입시에 반영됐다. '대학에만 가면 취업은 문제 없다'는 믿음은 힘을 잃었고, 학생들과 부모는 한정된 좋은 일자리를 선점하기 위해 치열한 지위 경쟁에 뛰어들었다. 이 과정에서 의대와 이른바 '스카이' 대학이 최우선 목표로 부상했다. 경쟁은 점차 정답 맞히기 중심으로 재편되었고, 반복 학습과 선행 학습이 그 구조를 뒷받침했다. 하지만 이재열 교수가 지적했듯, 모두가 앞서기 위해 달려도 결국은 제자리걸음에 불과한 붉은 여왕 경쟁이 심화되었을 뿐, 사회 전체의 창의성이나 생산성은 오히려 줄어들었다.

부모 세대의 불안도 의대 쏠림을 가속했다. 한국 사회는 실패를 흡수할 사회적 안전망이 부족했기에, 위험을 개인이 떠

안아야 했다. 자녀의 안정을 위해 가장 확실한 선택지를 찾을 수밖에 없는 구조가 만들어진 것이다. 이때 의사는 정년과 무관한 직업적 지속성, 예측 가능한 소득, 자격증이 보장하는 강력한 울타리를 동시에 갖춘 직역으로 비쳤다.

이공계 위기라는 용어가 사회적으로 크게 회자되기 시작한 것은 2000년대 초반이었다. 그 이전까지만 해도 굳이 이런 표현이 필요하지 않았다. 그러나 90년대를 지나 2000년대 들어 이공계의 실력, 그러니까 이공계에 우수한 인재가 충분히 공급되고 있느냐에 대한 논의가 펼쳐지면서 이 단어가 크게 부각되기 시작했다. 박기범 선임연구위원은 이에 "여러 연구를 해본 결과, 결국 이공계 위기라는 것은 사회 전반의 문제라기보다 고등학교 때 공부를 잘했던 학생들이 이공계보다 의약학 계열을 선호하는 현상이 주였다"라고 짚는다. 문제는 이후 20년 동안 각종 대책이 이어졌음에도 의대 선호 현상은 오히려 더 강해졌다는 점이다.

그렇다고 상위권 인재의 이공계 유입이 완전히 끊긴 것은 아니었다. 과학고와 영재학교라는 새로운 파이프라인이 자리

잡으면서 매년 2,500~3,000명의 학생이 이공계로 진학했다. 일부 이탈은 있었지만 여전히 많은 상위권 학생이 공학과 기초과학을 선택했다.

박 연구위원이 지적하듯 진짜 문제는 입구가 아니라 출구에 있었다. 1990년대에는 이공계 박사 배출 규모보다 일자리 증가 속도가 두 배 이상 빨라, 일자리에 대한 걱정이 거의 없었다. 하지만 이후에는 상황이 정반대가 되었다. 매년 약 6,000명의 전업 박사가 노동시장에 새로 진입하지만, 교수직이나 정부 소속 연구기관 같은 선호 일자리는 1,000개도 채 되지 않는다. 결국 수많은 박사들이 학위 취득 후에도 연구원으로 머무르게 되고, 그 수가 약 1만 명, 이 가운데 5년 이상 장기 연구 수행 인원만도 5,000명에 달하는 것으로 추정된다. 경로를 찾지 못한 이들이 쌓여가는 현실이야말로 위기의 실체였다.

IMF 외환 위기는 한국 사회의 가치 체계를 송두리째 바꾸어놓았다. 사회적으로도 고등학생들의 이과 기피와 공대 지원 감소를 전하며 과학기술 인력 부족을 우려했지만 현장에서의 변화는 분명했다. 당시 교사도 학생도 모두 "힘든 엔지니어가 되는 건 피하는 경향이 있다"거나 "이공계로 대학을 가도 취업이 잘 안 된다"는 인식이 팽배했다.

이 같은 인식은 곧 직업 선택으로 이어졌다. 신랑감 선호도 조사에서는 판검사와 의사 같은 전문직이 가장 이상적인 직업으로 꼽혔고, 부모 세대와 청년 세대 모두에게 의대는 안정과 성공의 상징으로 자리 잡았다.

IMF 외환 위기 이후 30년 가까이 지난 지금도 상황은 변하지 않았다. 서울 강남구 한 교실에서 "초중고를 다니며 의대 진학을 생각해본 적 있느냐"는 질문이 나오자 많은 학생들이 주저 없이 손을 들었다. 한 학생은 의사의 높은 지위와 경제적 보상을 이유로 들었고, 또 다른 학생은 "돈을 많이 벌고 싶다고 하니 가장 많이 추천받은 직업이 의사였다"라고 답했다. 상위권 성적을 가진 학생들은 지역을 막론하고 서울대, 연세대, 성균관대, 울산대 등 모든 희망 대학을 의대로만 채웠다.

이들의 선택에는 부모 세대의 경험도 깊게 작용했다. 외환 위기라는 국가적 위기 속에서도 의사만은 직업을 잃지 않았다는 기억이 자녀에게 안정성을 심어주는 기준이 된 것이다.

의대라는 지위 경쟁의 최종 목적지는 지금도 더욱 굳건해지고 있다.

1997년, 무너진 것은 경제만이 아니었다.
사회의 불안이 개인 삶의 기준을 바꾸며,
연구와 기술보다 안정이 최우선이 되었다.
한 세대의 공포는 다음 세대의 꿈을 재편했다.

5

기술 패권
전쟁터에 선
한국

●

대한민국이 안정적인 일자리 획득에 몰두하는 사이, 세상은 이미 다른 국면으로 접어들고 있었다.

2016년 3월에 열린 '구글 딥마인드 챌린지 매치'는 그 전환점이 된 사건이었다. 구글 딥마인드가 개발한 인공지능 알파고와 한국의 이세돌 9단이 맞붙은 대국은 5판 3선승제로 진행되었으며, 전 세계 150개국에 생중계되었다. 우승 상금은 100만 달러. 구글은 수많은 선택지가 존재하는 바둑을 인공지능의 시험무대로 택했다. 바둑판의 경우의 수는 10의 150제곱에 달해, 우주 전체 원자 수보다 많다고 할 정도다. 인공지능의 성능을 입증하기에 이보다 적합한 무대는 없었다.

　대국 상대로 한국의 이세돌이 지목된 이유는 당시 바둑 세계 랭킹 1위였던 커제 9단보다 20년 넘게 프로 무대에서 활동하며 쌓은 기보가 방대했던 이세돌이 알파고의 훈련에 더 유리했기 때문이다. 게다가 이세돌은 정석을 따르기보다 변칙적이고 창의적인 수를 두는 기사로 유명했다. 이는 알파고가 직면할 수 있는 약점을 드러내고 보완하는 데 더 큰 도움이 될 것이라고 구글은 판단했다. 실제로 이세돌은 12세의 나이에 프로에 입단한 이후 국내 대회 30회, 세계 대회에서 18회에 걸쳐 우승을 차지한, 명실상부한 전설의 기사였다.[30]

　전 세계 바둑계는 이세돌의 압승을 점쳤다. 영국 BBC는 이 대결을 "미래 패권을 향한 인간과 기계의 다윗과 골리앗 싸움"이라고 묘사했고, 《가디언》은 "33세의 바둑 장인 이세돌이 인류를 지키기 위해 바둑판 앞에 앉는다"라고 보도했다. 만약 알파고가 승리한다면 인간이 정신적 우위를 지켜온 마

---

[30] 조선비즈, '세계 랭킹 1위 커제가 아닌 이세돌 9단을 선택한 이유는', 강인효 기자, 2016년 3월 14일 자

지막 영역 중 하나가 무너지는 것이라는 해석이 뒤따랐다.[31]

하지만 결과는 충격 그 이상이었다. 1국, 2국, 3국에서 연이어 알파고가 승리를 거둔 것이다. 이세돌은 4국에서 극적인 한 판을 따냈지만 마지막 5국마저 알파고가 승리하며 최종 전적은 4대 1로 마무리되었다. 이세돌의 한 판 승리는 인간의 창의성과 직관의 가능성을 드러냈지만, 대결의 전반적 결과는 AI의 압도적인 성능을 입증하는 계기가 되었다.

경기의 파급력은 바둑판 너머로까지 이어졌다. 대국이 진행되는 동안 구글의 시가총액은 58조 원 이상 늘어났다. 인공지능의 기술력이 세계시장에서 얼마나 큰 가치를 가지는지 증명되는 순간이었다. 한국 사회 역시 대국을 계기로 AI에 대한 관심이 폭발적으로 커졌다. 같은 해 국내 기업 가운데 삼성전자, LG전자, 네이버 등 7개 기업이 출자해 지능정보기술연구원을 설립했고, 네이버는 AI 번역 서비스 파파고를, 카카오는 AI 자회사 카카오브레인을 세우며 본격적인 경쟁에 뛰

---

31 연합뉴스, '인류를 지키기 위한 한판⋯이세돌vs알파고 승부에 외신도 관심', 강건택 기자, 2016년 3월 8일 자

어들었다. 정부와 기업, 학계는 앞다투어 AI 연구와 투자에 나섰고, AI는 4차 산업혁명의 핵심 의제로 부상했다.

빠르게 성장한 국내 AI 시장은 2013년 3조 6,000억 원 규모에서 2017년 6조 4,000억 원 규모로 확대되었다. 영상 처리와 인식, 음성 인식과 번역, 데이터 분석 등 다양한 분야에서 새로운 기회가 열렸다.[32]

AI는 미래 사회와 경제를 재편하기 시작했다. 각국은 AI에 대한 투자를 대폭 확대했다. 반도체와 로봇공학, 클라우드 컴퓨팅 등 다양한 분야가 폭발적으로 성장했다.

미국에서는 엔비디아, 메타 같은 민간기업들이 선두에 섰다. 엔비디아 CEO 젠슨 황은 "미래에는 모든 레스토랑, 웹사이트에 인공지능이 탑재될 것"이라며 기술 패러다임 전환을 선언했다.

반면 중국은 국가가 직접 나서 AI 산업을 이끌고 대규모

---

[32] 프레스나인, '알파고 충격 2년, 한국 AI 관심↑…지원·생태계 조성은 숙제', 김지선 기자, 2018년 3월 9일 자

자원을 투입했다. 시진핑 주석은 "우리 중국은 자주적 혁신의 길을 걸어야 한다"고 강조했고, 그것은 머지않아 현실화되었다. 2024년 기준 중국 내 AI 관련 기업은 167만 개에 이르렀다. 중국은 AI를 경제 성장의 핵심 동력으로 삼아 기술 패권 경쟁에 본격적으로 뛰어들었다.

삼성전자 전 부사장 이병철은 기술을 중심으로 재편되고 있는 오늘날 국제 질서를 '4차 산업혁명'과 '미·중 기술 패권 전쟁'이라는 커다란 두 가지 화두로 요약했다. 그리고 이러한 격변의 환경 속에서 한국이 처한 불투명한 현실을 언급했다. 현재 미국은 여전히 막강한 영향력을 행사하고, 중국은 국가적 차원의 장기 계획과 인재 전략, 그리고 방대한 인력 풀을 앞세워 놀라운 속도로 추격하고 있다. 반면 한국은 인구 감소와 더불어 제대로 작동되지 않는 인재 육성 시스템에 우수 인재마저 의대와 로스쿨로 쏠리면서 산업 현장은 점점 빈자리를 메우지 못하고 있다는 것이다.

기술이란 결국 수많은 시행착오와 긴 시간의 투자 끝에 얻어지는 결과물인데, 한국은 인력 규모도 작고 연구 환경에도 제약이 많아 경쟁 상대에 비해 불리한 구조에 놓여 있다. 연구개발에 필요한 투입 시간과 자율성이 보장되지 않는 현실, 그리고 사회 전반에서 과학기술 인재를 존중하지 않는 빈약한 문화를 한국의 가장 큰 약점으로 꼽았다.

핵심은 사람, 곧 인재다. 스스로 문제를 정의하고 해답을 찾아내는 통찰력, 아이디어를 실제 성과로 연결해내는 실행력이 인재의 조건이나 지금 한국 사회에는 그런 인재를 길러낼 제도적·문화적 토대가 부족하다. 따라서 새로운 전략적 선택을 하지 않는 한, 기술전쟁에서 점점 뒤처질 수밖에 없는 불안한 자리에 서 있는 셈이다.

서울대 이정동 교수 역시 같은 맥락에서 말한다. "기술은 이제 국가의 사활을 쥐고 있는 열쇠가 됐습니다. 기술이 있는 국가는 생존하고, 기술이 없는 국가는 생존할 수 없습니다. 쓸 수 있는 카드는 다 써야 합니다." 그는 한국이 1970~90년대에 '도입-계량-자체 기술'이라는 추격의 경로를 거쳐 세계가 부러워하는 산업 포트폴리오를 쌓았다고 평가한다. 하지만 이제는 선진국이 이미 해온 것을 따라잡는 '뉴 투 코리아

New to Korea' 단계가 거의 사라졌고, 남들도 안 해본 영역에 먼저 도전하는 '뉴 투 더 월드New to the world'로 나아가야 할 시점이라고 지적한다.

그런데 여기서 문제가 생긴다. 첫째, 기술 변화 속도가 너무 빨라 따라가기도 전에 새로운 기술이 등장한다. 둘째, 앞으로 필요한 첨단기술은 막대한 기초과학과 오랜 경험이 뒷받침돼야 하는데, 한국은 이 기반이 부족하다. 셋째, 과거 우리가 잘했던 선진국 따라잡기식 모델은 이제 중국이 훨씬 더 잘하고 있다는 점이다. 중국은 시장이 크고 다양해서 짧은 시간 안에 수없이 많은 실험을 해볼 수 있고, 그 과정에서 실행력을 빠르게 키우고 있다.

이 교수는 그럼에도 한국은 여전히 강점을 지니고 있다고 말한다. 넓은 산업 포트폴리오와 축적된 인력이 있기 때문이다. 하지만 약점도 뚜렷하다. 새로운 도전을 할 때 자기 검열이 심하고, 실패를 용인하지 않는 사회 분위기 때문에 시행착오를 쌓기가 어렵다. 이는 과거 추격형 모델이 낳은 '그림자'와 같다고 그는 분석했다.

그렇다면 무엇을 해야 할까? 이 교수는 세 가지를 강조한다. 첫째, 기초과학 투자를 대폭 늘려 미래 기술의 씨앗을 심어야 한다. 둘째, 팬데믹, 기후, 에너지, 국방 등의 국가적 과제를 과학기술로 풀어야 한다. 이런 과정에서 인터넷, GPS 같은 새로운 핵심 기술이 나오기 때문이다. 셋째, 열린 글로벌 네트워크에 적극 참여하고 때로는 우리가 새로운 패러다임을 세워야 한다. 중국이 시장 규모로 시간을 압축한다면, 우리는 세계와 연결된 네트워크로 시간을 압축해야 한다는 것이다.

마지막으로 그는 오늘날 필요한 인재를 "문제를 공식대로 잘 푸는 사람"이 아니라 "문제를 제기하는 사람"이라고 정의했다. 교과서의 답을 잘 외우는 인재가 아니라 교과서를 새로 쓸 수 있는 인재, 실패를 반복하며 끝내 돌파해내는 인재가 필요하다고 강조했다.

기술을 둘러싼 국제 경쟁이 국가의 존망을 가르는 새로운 시대가 열렸다. 평생직장이 사라진 사회에서 개인은 안정적인 전문직을 찾아 떠나고 있지만, 역설적으로 국가 차원에서는 다시 기술을 붙잡지 않고는 미래를 상상할 수 없는 시대가 바로 지금이다.

6

한국을 떠나는 인재들

●

인재는 능력을 마음껏 펼칠 수 있는 곳으로 간다.

서울대학교를 졸업하고 현재 미국 UC버클리에서 박사과정을 밟고 있는 조철준 씨 역시 그중 하나다. 그는 "세계의 인재들이 모이는 곳에서 같이 공부하고 경쟁해보고 싶은 욕심이 있었다"며 특히 인공지능과 뇌 과학을 결합한 연구 분야 특성상 해당 분야 기술을 선도하는 미국에서 더 많은 연구 기회를 찾을 수 있을 거라는 희망을 안고 대학교 1학년 때 유학을 결심했다. 그가 선택한 UC버클리는 세계 공대 순위 5위에 해당하는 명문으로, 그는 이곳에서 인공지능을 활용한 뇌-컴퓨터 인터페이스 연구에 매진하고 있다. 미국은 도전하는 연구자에게 끊임없는 시도와 실험의 기회를 제공하는 '기회의 땅'으로, 연구 환경뿐 아니라 보상도 풍족하다. 그는 "빅테크 기업 입사를 고려하고 있다"며 "연봉이 한국 대기업에 비해 많게는 5배까지 차이가 난다"라고 덧붙였다.

실리콘밸리의 스타트업에서 일하는 안휘진 씨도 비슷한 이유로 미국을 선택했다. 서강대학교에서 컴퓨터공학 석사를 마치고 네이버에서 1년간 근무한 그는 자유롭고 창의적인 분위기를 직접 경험하고 싶어 실리콘밸리에 왔다고 밝혔다. 세계적으로 이름난 실력 있는 연구자들과 함께 일하며 성장할 수 있는 환경이 무엇보다 큰 매력이라고 했다. 보상 측면에서도 한국보다 유리하다. 기술에 대한 투자가 활발한 실리콘밸리에서는 스타트업과 대기업의 임금 차이가 크지 않다. 미국에서 받는 보수가 훨씬 크기 때문에 일에 따르는 돈을 생각한다면 미국이 더 나은 길이며, 한국으로 돌아간다면 연봉 삭감을 감수해야 하기에 고민이 따르는 것 같다고 전했다.

미국은 여전히 인재의 자석으로 기능한다. 구글, 엔비디아,

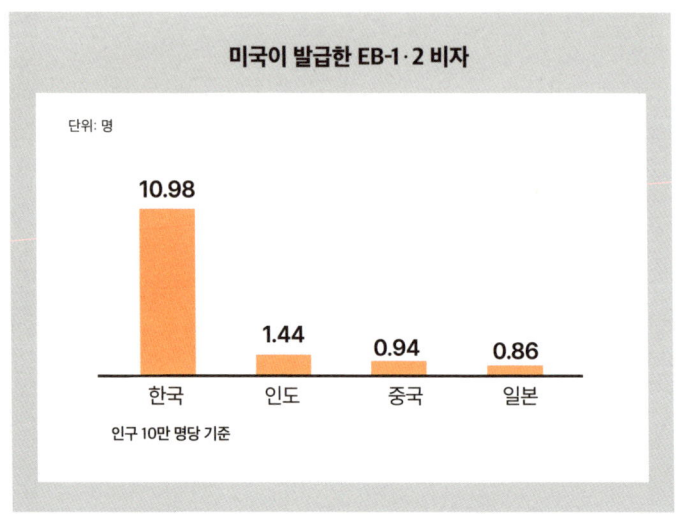

출처: 미국 국무부

메타 등 글로벌 빅테크 기업이 몰려 있는 실리콘밸리에는 전 세계 인재들이 모여들고, 한국 역시 미국 고급 인력 취업비자를 인구 대비 가장 많이 발급받는 나라로 꼽힌다.

여기서 말하는 고급 인력 취업 이민 비자가 바로 EB-1, EB-2 비자다. 과학, 예술, 비즈니스 등에서 뛰어난 성과를 거둔 인재에게 영주권을 제공하는 제도로, EB-1은 국제적으로 인정받은 업적을 보유한 전문가나 다국적 기업의 경영진을 대상으로 주어지며 EB-2는 석사 이상의 학위를 지녔거나 특별한 능력을 증명할 수 있는 사람에게 주어진다. 배우자와 자녀에게도 영주권이 주어지고, 배우자에게도 취업허가증EAD을 발급해 미국 내에서 경제활동이 가능하다.

지난 2023년 한 해 동안 EB-1 비자를 발급받은 한국인은 5,684명에 달했다. 인구 대비로 따져보면 한국은 단연 압도적인 수치를 기록했다. 인구 10만 명당 10.98명. 이는 같은 해 인도의 1.44명, 중국의 0.94명, 일본의 0.86명과 비교해 약 10배 이상 높은 수준이다. 가족 단위로 환산하면 최소 1,400~1,500명의 고급 두뇌가 해외로 빠져나간 셈이다. 한국은 상대적으로 적은 인구에도 해외로 빠져나가는 고급 인재의 비율이 세계적으로 가장 높은 나라 중 하나라고 볼 수 있다.[33]

한편 미국 IT산업의 핵심이었던 인도 출신 인재들은 최근

---

33 한국경제, '韓 핵심두뇌 유출 1위… 中의 11배', 박시온·안정훈 기자, 2024년 10월 28일 자

고국으로 돌아가려는 경향이 강해졌다. 미국에서 휘진 씨와 함께 지내고 있는 인도 출신 동료들의 말에 따르면, 이는 고국 기업의 급여 인상 영향이 큰 것으로 보인다. 지난 10년 동안 기업가치 10억 달러 이상의 스타트업, 이른바 유니콘 기업이 많이 등장한 까닭이다.

MIT에서 박사후과정을 밟고 있는 한 연구원은 "국내로 돌아오고 싶지만 안정적인 자리가 많지 않고, 설령 자리가 생겨도 연구 지원 사업을 끊임없이 확보해야 하는 불확실성이 크다"라고 우려했다. 실제로 1990년대만 해도 이공계 박사 배출 수의 2.6배에 달하는 일자리가 생겼지만, 지금은 그 절반에도 못 미친다. 일자리를 찾는 것에 대한 걱정이나 어려움이 그만큼 늘었다. 특히 기초과학 분야는 더 큰 어려움에 직면해 있다.

연세대학교 김근수 교수팀은 초전도 현상 연구를 통해 세계적인 주목을 받았다. 특히 연구 성과가 세계 3대 학술지 가운데 하나인 《네이처》에 실리며 '과학계 100년의 난제'를 풀었다는 평가를 얻었다. 그러나 그 과정은 순탄치 않았다. 김 교수는 "수명이 단축되는" 듯한 고된 과정이었다고 회상했다. 그도 그럴 것이 김 교수 연구팀은 오랫동안 고가의 장비를 마련하지 못해 해외 연구시설을 전전해야 했고, 제한된 기간 안에 성과를 내기 위해 학생들과 함께 밤을 새우며 실험을 이어가야 했다. 일주일 남짓 주어지는 실험 기회에서 1초도 허투루 쓸 수 없을 만큼 치열한 환경이었다. 기간 안에 원하는 대로 실험을 끝내지 못하면 한두 달 뒤에나 다시 기회가 돌아오기 때문이다.

이렇듯 힘겹게 성과를 냈지만 연구자들의 여전히 주머니는 가볍고 미래는 불안한 것이 현실이다. 단기 계약에 의존하는 고용 구조 탓에 미래를 장담하기 어렵고, 박사 학위를 취득해도 안정적인 자리보다는 박사후연구원으로 세계를 떠도는 경우가 많다. 박사 학위로 인정을 받거나 직장의 선택권이 보장되는 것도 현재는 유효하지 않은 얘기라 젊은 연구자들 사이에서는 '나도 그렇게 되지 않을까' 하는 우려가 퍼져 있다.

김 교수는 연구자들이 처한 불안정한 환경을 지적하며, 인재들이 한국에 남아 연구를 이어갈 수 있도록 제대로 된 보상과 지원 체계를 마련하는 것이 시급하다고 했다. 그렇지 않으면 우수한 연구 인력들의 해외 유출을 막기 어렵다는 것이다. 그는 중국이 대규모 투자를 통해 기초과학부터 응용 분야까지 인재와 시설을 동시에 키워내고, 유럽이 한정된 자원 속에서도 효율성과 전문성을 극대화하는 데 비해, 한국은 새로운 키워드가 떠오를 때마다 단기적인 인재 양성 프로그램에 매달리는 '패스트 팔로워'의 한계에 머물러 있다고 진단했다. 또한 "기초과학에 꾸준히 투자해야 응용과학도 성장할 수 있다"며, 인재들이 떠나지 않고 머무를 수 있는 환경을 만들기 위해 무엇보다 '적절한 보상'과 '사회적 인식 개선'이 필요하다고 거듭 강조했다.

인재가 떠나는 사회는 미래를 잃는 것과 다르지 않다. 한국을 떠나는 인재들의 뒷모습을 보며 우리 사회는 무엇을 다시 묻고 답해야 할까.

인재는 능력을 마음껏 펼칠 수 있는 곳으로 간다.
세계의 무대에서 경쟁하고 싶은 연구자들은
더 많은 기회와 풍족한 보상이 있는 타지를 선택한다.
그들이 떠난 자리, 한국의 연구실엔
열악한 환경과 사라진 꿈만이 남아 있다.

7

불확실성을 넘어서기 위한 조건

●

"돈을 버는 것보다는 수많은 사람에게 영향을 주고 싶다, 이게 제 꿈인 것 같아요."

연세대학교 신소재공학과 4학년에 재학 중인 박도현 씨는 동기들 대부분이 대학원 진학이나 대기업 취직을 준비하는 가운데 창업을 선택했다. 전공 분야에 대한 흥미와 창업에 대한 열정 때문이었다. 부딪히며 배우는 과정 자체가 즐거움이자 동력이 된 것이다.

하지만 그 역시 입시 환경에서의 의대 압박을 체감했다고 했다. 성적이 일정 수준 이상이면 의대를 가야 한다는 분위기가 지배적이었다. '공부를 잘하면 당연히 의대'라는 말은 친구들 사이에서 공공연한 상식이었고, 더 높은 성적을 받았다면 자신 역시 의대를 고민했을 것이라고 털어놓았다. '이미 정해진 답'처럼 되어 있어 꼭 의사가 되고 싶어서라기보다는 '그 정도 성적이면 의대를 가야 한다'는 압박을 버티기 어려웠을 것 같았다고 말이다.

공대에서의 삶은 아이러니하게도 새로운 길을 열어주었다. 전공 공부가 잘 맞았고, 교환학생으로 떠난 버클리에서의 경험을 통해 사회가 정해준 두세 가지 선택지 안에 갇히는 대신 스스로 길을 만들어갈 수 있다는 가능성을 체감했다.

특히 '내가 어느 곳, 어떤 회사에 있느냐'보다는 '내가 어떤 일을 하고, 어떤 과정에 있느냐'가 더 중요시되고 개개인의 일에 대한 존중이 따르는 문화에서 큰 영향을 받은 덕분에, 뒤처짐이나 시간 낭비, 실패에 대한 두려움에서 벗어나 주저 없이 창업에 뛰어들 수 있었다.

도현 씨가 이끄는 스타트업은 정부의 지원을 받아 생분해

플라스틱을 개발하고 있다. 칫솔 같은 생활용품부터 친환경 부표까지, 생활과 환경을 동시에 겨냥한 제품들이 그의 연구실에서 태어난다. 물론 매번 시제품을 만들고 다시 설계하는 과정에서 큰돈이 들어가지만 그들은 그것을 '손실'이 아닌 '미래를 위한 자산'이라 믿으며 앞으로 나아가고 있다.

다만 그는 스타트업의 성공을 위해서는 정권이 바뀌어도 변하지 않는 일관된 정책이 필요하다고 했다. 스타트업 지원 사업은 정부 예산에 민감하게 반응하는 편이라 정권이나 트렌드에 따른 변동성을 크게 체감하게 되는데, 해마다 정책의 방향이 바뀌고 업황과 유행이 이동하면 사각지대가 생기기 쉽기 때문이다.

또 지원 과제의 주기가 대체로 6개월 정도로 짧아 장기 로드맵을 세우기 어렵다 보니 "짧은 시간 안에 성과를 내야" 하며 "성과를 미리 만들어놓고 들어가야" 선정과 평가를 통과할 수 있는 압박도 존재한다고 했다.

무엇보다 지원의 총량 자체는 창업을 시작하기에 충분하지만 기업이 10년 이상 자생하기 위해서는 시장, 수요처, 공급망 같은 인프라가 받쳐줘야 하는데 국내 내수가 작고 산업 생태계 연결이 약해 중장기 성장의 발판이 부족한 점도 한계로 꼽았다.

이는 정부 지원만으로는 해소할 수 없는 구조적 제약이라 많은 창업팀이 자연스럽게 해외 진출과 글로벌화를 생존 전략으로 삼고 있다고 전했다.

도현 씨의 꿈은 명확했다. "전 세계 사람들의 주머니 속에서 내가 만든 무언가가 나오게 하는 것." 돈을 버는 일보다 더 많은 이들에게 실질적인 영향을 주고 싶다는 열망이 풍족하지 않은 연구 환경 속에서도 그를 움직이게 만들었다. 인류의 삶을 바꾼 획기적인 기술 대부분이 그렇듯, 작은 방에서 출발한 실험은 그들의 시간과 누군가의 미래를 서서히 바꾸고 있었다.

공학은 본래 어떤 것이었을까.
카이스트 기계공학과 한 연구실에서는 사람의 몸에 착용해 움직임을 보조하는 웨어러블 로봇을 개발하고 있다. 이 연구팀을 이끄는 공경철 교수는 어린 시절 만화영화 속 로봇에 매료되어 로봇 과학자를 꿈꾸기 시작했다. 그리고 머지않아 그의 꿈은 '로봇 공학자'라는 이름으로 현실이 되었다. 공 교수는 로봇공학 분야를 선도하는 연구자로 자리 잡았다. 연구와 산업적 성과 모두 국내외에서 주목받으며, 여러 정부 부처와 학계에서 수차례 표창과 상을 받아 한국 로봇기술의 위상을 높였다. 뿐만 아니라 연구와 창업을 병행하며 사이배슬론 2회 연속 금메달을 이끈 주인공이 되었다.

사이배슬론은 신체 일부가 불편한 장애인들이 로봇이나 생체공학 보조장치를 착용하고 특정 임무를 수행하는 세계 최초의 국제대회로, 공 교수팀은 '워크온슈트4'로 2020년 두 번째로 열린 이 대회에서 착용형 외골격 로봇 종목 1위를 차지했다. 2024년 스위스 취리히에서 열린 3회 대회에서도 '워크온슈트F1'으로 눈에 띄는 성과를 거두었다.

그는 "사람을 감싸 부족함을 보완하는 웨어러블 로봇 기술이 비전도 있고 사명감도 느껴져서 '로봇에 인생을 걸 만하다'라는 생각을 했다"라고 이야기했다.

같은 연구실에는 로봇에 인생을 건 또 다른 사람이 있다. 2017년 교통사고로 하반신이 마비된 김승환 연구원이다. 의학이 더 이상 해줄 수 있는 게 없던 그때, 그는 공 교수의 웨어러블 로봇을 만났다.

"영화 〈아이언맨〉을 보면서 상상 속 이야기겠거니 생각했는데, 장애를 갖게 되고 알아보다 보니까 우리나라에서도 웨어러블 로봇을 연구하는 연구실과 회사가 있다는 걸 알게 됐어요."

그는 로봇을 입고 마침내 다시 일어섰다.

"첫걸음을 뗐을 때는 마치 인류가 처음 달에 발걸음을 내디뎠을 때와 같았어요. 사실은 무섭기도 했어요. 몇 걸음을 떼면서 로봇과 제 발이 땅에 닿을 때 진동을 몸으로 느끼면서 그제야 '내가 이렇게 걸었지' 생각이 났어요."

그 감각은 새로운 도전으로 이어졌다. 사실 그는 2020년 사이배슬론 대회 최종 후보 7인에 선정되어 예비용 로봇까지 맞춤 제작했으나 욕창과 패혈증 진단으로 출전을 포기해야 했다. 그럼에도 병원을 오가며 보행로봇 훈련을 이어갔고, 2023년 말 카이스트 웨어러블 로봇 연구실의 장애인 연구원

모집 공고를 보고 다시 지원하게 되었다.

연구원으로 합류한 그는 그야말로 연구실에 몸을 내던졌다. 스무 명 가까운 연구원들 앞에서 자신의 장애 정도부터 생리 현상을 어떻게 해결하는지까지 상세히 설명했고, 180센티미터의 체격으로 천장 레일에 매달리며 어깨끈 조정 테스트를 거듭했다. 가늘어진 장딴지와 허벅지를 연구원들에게 직접 만져보게 한 것도 로봇이 몸에 정확히 맞도록 하기 위한 과정이었다. 하지마비 장애인은 옷이 맞지 않는 불편함을 스스로 인지하기 어려워 로봇이 조금만 헐거워도 안에서 몸이 흔들려 균형을 잃거나 피부가 벗겨지기 쉬운 탓에 3D 스캐너로 치수를 재는 것만으로는 부족했고, 몸을 실시간으로 관찰하고 피드백 받는 과정이 필수적이었다.

김 연구원이 합류한 이후 연구의 속도와 효율은 눈에 띄게 빨라졌다. 상상 속 '이론의 몸'이 아닌 실제 장애인의 몸에 테스트를 하며 바로바로 설계와 착용을 수정할 수 있었기 때문이다. 그는 이들 연구팀의 경쟁력이자 살아 있는 데이터베이스가 되었다. 그리고 마침내 2024년 사이배슬론에서 공 교수 연구팀의 로봇을 입고 10개 미션을 6분 41초 만에 완수하며 16개 팀 중 유일하게 모든 미션을 제한 시간 내에 끝낸 챔피언이 되었다. 점수로 환산하면 한국팀은 60점, 2위 스위스팀은 20점으로 압도적인 격차였다. 공학이 인간의 능력을 다시 창조한 순간이었다.

"이제 문밖으로 나갈 날이 머지 않았다고 생각해요."
아이가 태어난 뒤로 걷고 싶다는 의지가 더 강하게 든다던 그였는데, 그의 아들은 이제 로봇을 입고 다시 일어선 아빠를 영화 속 아이언맨처럼 바라본다. 아이의 눈에 아빠는 아이언맨처럼 강한 사람이었다.

공경철 교수는 연구의 의미를 이렇게 설명한다. "처음에는 굉장히 이성적인 관점에서 시작한 연구인데 굉장히 감성적인 보상이 많이 있더라고요. 저희가 기술을 잘 만들어서 누군가를 도와드리면 그 누군가에게는 감동이 되고, 감동을 저희한테 표현해주시고… 사람을 지향하지 않았으면 느끼지 못할

법한 굉장히 큰 보상이 있는 것 같습니다."

로봇을 좋아하던 한 소년이 40년 동안 꾼 꿈은 기적을 만들었다. 도전하지 않았더라면 결코 오지 않을 오늘이었다.

그는 자신의 학문을 두고 "본질적인 무언가를 탐구할 수 있고, 성공하면 큰 부와 명예까지 얻을 수 있는 길"이라고 설명했다. 그러나 곧 '안정'을 택할 수밖에 없는 지친 청년들의 심리, 그리고 현실의 장벽을 언급했다.

도전을 감수할 수 있는 환경, 즉 불안을 견디면서도 끝까지 해낼 수 있도록 기회를 열어주는 사회적 장치가 중요한데, 현재 환경에서는 지속성과 예측 가능성이 부족하다는 것이다. 특히 이공계 연구·창업에서의 제도와 지원 프로그램은 많지만 너무 자주 바뀌어 3년, 10년짜리 계획을 세우기 어렵고, 곧 없어질지도 모르는 혜택이라는 인식은 연구자들을 소극적으로 만들었다.

아울러 한국을 여기까지 끌어올린 전략이 '경쟁'이었다는 점은 인정하지만, 대학이나 스타트업 같은 소규모 기술 집단의 독창성이 성패를 가르는 현 시점에서 그 작은 무대에서조차 서로를 겨냥한 과잉경쟁이 반복되면, 새로운 길을 개척하기보다 같은 기술을 겹겹이 되풀이하는 일이 잦아질 수 있다고 우려했다.

따라서 이제 필요한 것은 이기려는 의지가 아니라, 함께 멀리 가기 위한 질서를 만들어야 할 때라고 강조했다.

사족보행 로봇을 개발하는 카이스트 기계공학과 교수 황보제민도 연구·창업 생태계를 비슷하게 진단했다.

정부 지원의 총량은 적지 않지만, 평가와 집행의 질에서 한계가 뚜렷하고 '앞으로 무엇을 하겠다'는 계획이나 홍보 중심으로 예산이 몰리는 경향이 있다. 그 결과, 큰돈을 끌고 가는 정부의 과제가 정량지표 맞추기로 흐르기 쉽다. 이제 목소리 큰 계획보다는 실적과 성과를 읽어낼 수 있는 평가 역량, 그리고 분야별 이해관계를 가로지르는 전문성의 구축이 필요한 때라고 그는 강조했다.

또 연대보증 관행이 사라진 지금, 창업의 가장 큰 리스크는 예전처럼 금전적 파산이 아니라 실패 이후의 커리어 공백이라는 점에서, 실패 후에도 다시 설 수 있는 경력 이동 사다리가 갖춰지면 창업 활성화에 힘이 실릴 것이라고 내다봤다.

물론 시장 환경은 만만치 않다. 특히 AI, 소프트웨어는 GPU 인프라 비용이 높은 데다 유망 신호가 뜨면 전 세계 연구실이 동시에 따라붙어 오픈소스로 확산되기 때문에 스타트업은 더 빠르고 더 깊은 차별화를 이뤄야 한다는 중압감이 심하다.

그럼에도 카이스트 학생들은 창업을 두려워하지 않고 계속 도전하고 있다고 그는 전했다.

이광형 카이스트 총장은 왜 창업과 같은 '새로운 일'에 뛰어들어야 하느냐는 물음에 두 가지 이유를 들었다. 하나는 개인의 성취감이었다.

"자기가 배운 기술, 자기가 개발한 기술을 세상에 펼치고 실현하는 건 정말 재미있고 보람 있는 일이에요."

다른 하나는 공공의 이익이었다.

"그렇게 해야 부가 창출돼서 국가가 발전하고 국민도 그 혜택을 누리죠."

그는 총장이 된 뒤에도 창업을 주저하는 학생들에게 "해봐라, 얼마든지 해봐라. 안 되면 나중에 취직해도 된다"며 등을 떠민다고 했다.

한국 사회의 '실패 포비아' 역시 정면으로 비판했다.

"우리는 한번 실패하면 아주 나쁜 일 한 것처럼 보잖아요. 그게 잘못된 거죠. 다른 사람도 아닌 우리끼리 억눌러서 실패하면 나락으로 떨어지는 것처럼 만드는 거죠. 그 인식을 바꿔야 해요."

마지막으로 그는 강하게 말했다. "국가라는 게 미래를 위해 계속 투자하는 것 아니겠습니까. 이제 그런 리더십을 발휘해야 된다고 봐요."

창업자의 작은 실험실에서, 카이스트의 로봇 연구실에서 공학은 다시금 인간과 사회를 묻고 있다.

인재가 곧 국가 경쟁력인 이 시대, 대한민국은 기로에 서 있다.

우리의 인재는 지금 어디를 향하고 있는가.

에필로그

여러분이
생각하는 인재란
어떤 사람인가요?

진정한 인재는 자신의 지식과 재능을 사회에 더 가치 있는 일들로 승화시키는 사람입니다. 단순히 말만 하는 것이 아니라 실천을 함께하는 사람이죠.

_제로제로로보틱스 창업자 왕멍추

광의적 의미에서 인재란 인생에서 자신의 최대 장점을 가장 좋아하는 일에 활용해 재능을 최대한 발휘하여 만족스러운 삶을 사는 것입니다. 협의적 의미의 인재란 중요한 분야에 기여하고 인류의 지식을 사회에 전파하는 겁니다.

_칭화대학교 컴퓨터공학과 교수 야오치즈

크게는 세상을 이롭게 하는 사람, 작게는 우리나라와 우리 국민을 이롭게 하는 사람, 더 작게는 다양한 능력으로 지금 이 사회를 이롭게 하는 사람이라고 볼 수 있습니다.

_카이스트 생명화학공학과 교수 이상엽

정해진 한 문제에만 답을 하는 사람이 아니라, 스스로 문제를 정의하고 답을 찾는 사람. 그리고 새로운 생각을 구현하기 위한 용기와 실행력을 가진 사람이라고 봅니다.

_전 삼성전자 부사장 이병철

어려운 문제 앞에서 깊이 고민하고 스스로 방법을 찾아 돌파할 수 있는 힘을 가진 사람이라고 생각합니다.

_한양대학교 중국학과 교수 백서인

소신과 목표에 맞는 길을 스스로 선택하고 그 길에 깊이 몰입해 놀라운 결과물을 만들어낼 수 있어야겠죠. 그렇게 도출해낸 결과물이 개인적 만족을 넘어 사회에도 기여하는 과정을 통해 보람과 가치를 느낄 수 있는 사람이 바른 인재라고 생각합니다.

_종로학원 대표이사 임성호

열정, 사기, 투지로 뭔가를 이루는 사람인 것 같아요. 과제를 주었을 때 그걸 제때 해낼 수 있고 정확히 잘 해낼 수 있다면, 그게 바로 인재죠. 우리나라는 그런 인재가 참 많습니다.

_전 고려대 산업공학과 교수 한민홍

보통 인재라고 하면 나라나 조직에서 쓸 만한 사람, 크게 쓰임이 있는 사람만 생각해요. 그러나 진짜 인재란 그런 기준 말고 자기만의 능력과 자기 가치관을 가진 사람이 아닐까 싶어요.

_국어 강사 장의순

자기가 하고 싶은 일을 끈질기게 하는 사람. 한번 물면 절대 놓지 않는 사자 같은 그런 사람이요.

_카이스트 총장 이광형

문제를 잘 푸는 사람들은 절대 아닙니다. 이 시대의 정말 중요한 인재는 결국 소통을 잘하는 사람, 여러 집단을 원하는 방향으로 굴러가게 조율하는 기술이 있는 사람이 진짜 인재죠.

_카이스트 기계공학과 교수 공경철

본인만의 가치관을 갖고 본인만의 길을 묵묵히, 인생을 바쳐서 나아가는 사람이라고 생각해요.

_카이스트 새내기과정학부 25학번 백승준

자기가 잘하거나 좋아하는 것들을 선택해서 그에 맞는 전문성을 갖추는 사람이라고 생각합니다.

_카이스트 새내기과정학부 25학번 박재원

우리에게 정말 필요한 인재는 문제를 주면 잘 풀 수 있는 사람이 아니라 문제를 제기할 수 있는 사람입니다.

_서울대학교 공과대학 교수 이정동

자기 역량을 스스로 키울 줄 알아야 한다고 봐요. 혼자만 잘하는 게 아니라 같이 협업하고 어울릴 줄 아는 공동체 정신도 중요하고요.

_해운대고등학교 화학 교사 정일

빠른 속도나 성장이 전부가 아닌, 스스로의 성장을 이끌어갈 수 있는 아이가 좋은 인재가 된다고 생각합니다. 실패를 두려워하지 않고 자기 꿈을 찾아가는 힘과 창의성 이런 것들이 있는 아이들이죠.

_교육 컨설턴트 원장 신선형

빠르게 변화하는 세상 속에서도 자신이 추구하는 목표, 방향성을 잃지 않고 끝까지 나아가는 사람이 진짜 인재라고 생각합니다.

_고려대 전기전자공학과 대학원생 임수빈

KI신서 13868
인재전쟁
공대에 미친 중국, 의대에 미친 한국

1판 1쇄 인쇄 2025년 10월 22일
1판 1쇄 발행 2025년 11월 5일

지은이 KBS 다큐 인사이트 〈인재전쟁〉 제작팀
펴낸이 김영곤
펴낸곳 ㈜북이십일 21세기북스

인문기획팀장 양으녕 **책임편집** 이정미 **마케팅** 김주현
디자인 유어텍스트
영업팀 정지은 한충희 장철용 강경남 황성진 김도연 이민재
제작팀 이영민 권경민

출판등록 2000년 5월 6일 제1406-2003-061호
주소 (10881) 경기도 파주시 회동길 201(문발동)
대표전화 031-955-2100 **팩스** 031-955-2151 **이메일** book21@book21.co.kr

ⓒKBS, 2025
ISBN 979-11-7357-568-6 (03320)

㈜북이십일 경계를 허무는 콘텐츠 리더

21세기북스 채널에서 도서 정보와 다양한 영상자료, 이벤트를 만나세요!
페이스북 facebook.com/jiinpill21   **포스트** post.naver.com/21c_editors
인스타그램 instagram.com/jiinpill21   **홈페이지** www.book21.com
유튜브 youtube.com/book21pub

당신의 일상을 빛내줄 **탐**나는 **탐**구 생활 〈**탐탐**〉
21세기북스 채널에서 취미생활자들을 위한 유익한 정보를 만나보세요!

- 본 책자의 출판권은 KBS미디어㈜를 통해 계약을 체결한 ㈜북이십일에 있습니다.
- 책값은 뒤표지에 있습니다.
- 이 책 내용의 일부 또는 전부를 재사용하려면 반드시 ㈜북이십일의 동의를 얻어야 합니다.
- 잘못 만들어진 책은 구입하신 서점에서 교환해드립니다.